नारी शक्ति

भारतीय देवियों की आराधना एवं महत्व

डॉ. मीनाक्षी बंसल

|| समस्त संसार के ज्ञान-प्रेमियों को समर्पित ||

जो सत्य की खोज में, ज्ञान की राह पर अग्रसर हैं।
जिनकी जिज्ञासा कभी थमती नहीं, और जिनका उद्देश्य केवल आत्मविकास ही
नहीं, बल्कि संसार के कल्याण का भी है—यह कृति उन सभी साधकों को सादर
अर्पित है।

क्रम-सूची

क्रम-सूची

प्रार्थना

ॐ भद्रं कर्णेभिः श्रृणुयाम देवाः।
भद्रं पश्येमाक्षभिर्यजत्राः।
स्थिरैरंगैस्तुष्टुवांसस्तनूभिः।
व्यशेम देवहितं यदायुः।
स्वस्ति न इंद्रो वृद्धश्रवाः।
स्वस्ति नः पूषा विश्ववेदाः।
स्वस्ति नस्ताक्ष्यौं अरिष्टनेमिः।
स्वस्ति नो बृहस्पतिर्दधातु।
ॐ शांतिः शांतिः शांतिः।

यह मंत्र सार्वभौमिक कल्याण के लिए प्रार्थना है। इसमें विभिन्न देवताओं से सुरक्षा, स्वास्थ्य और सुख के लिए आशीर्वाद की याचना की गई है। यह मंत्र सभी इंद्रियों से शुभ का अनुभव करने और दिव्य उद्देश्य के साथ जीवन जीने के महत्व को रेखांकित करता है।

इंद्र, पूषा, ताक्ष्य (गरुड़) और बृहस्पति की कृपा से यह प्रार्थना जीवन में कल्याण और शांति की कामना करती है। अंत में "ॐ शांतिः शांतिः शांतिः" तीन बार दोहराने का अर्थ है - व्यक्तिगत, पर्यावरणीय, और वैश्विक स्तर पर शांति की गहन कामना। यह मंत्र शांति, समृद्धि और सभी प्राणियों के शारीरिक एवं आध्यात्मिक कल्याण के लिए पाठ किया जाता है।

लेखिका के बारे में

डॉ. मीनाक्षी बंसल, जो भारत की राजधानी दिल्ली में जन्मीं, ने अपनी ज़िंदगी कला, शिक्षा, और समाज कल्याण के प्रति गहरी प्रतिबद्धता के साथ बिताई है। विवाह के बाद, उन्होंने अहमदाबाद, गुजरात को अपना नया निवास स्थान बनाया, जहाँ वे प्रेरणा का स्रोत बनकर उभरीं। डॉ. मीनाक्षी न केवल ललित कला की कुशल कलाकार हैं, बल्कि एक प्रतिष्ठित लेखिका, समर्पित समाजसेविका और मनोविज्ञान की विद्वान शोधकर्ता भी हैं। उनका जीवन, विशेष रूप से समाज के वंचित और पिछड़े बच्चों के उत्थान के प्रति समर्पण, सहभागिता और सहानुभूति की शक्ति में उनके गहरे विश्वास का परिचायक है।

अपने प्रारंभिक दिनों से ही मीनाक्षी ने पढ़ने के प्रति एक अदम्य लगन दिखाई। उनके साहित्यिक संसार में नैतिक कहानियाँ, प्रेरणादायक कथाएँ, और जीवन पाठों से परिपूर्ण पौराणिक गाथाएँ शामिल थीं। यह पढ़ने की आदत केवल व्यक्तिगत विकास के लिए नहीं थी, बल्कि छात्रों और सहकर्मियों के विकास के लिए इन कहानियों के सार को साझा करने की इच्छा से प्रेरित थी। वे विशेष रूप से आदि शंकराचार्य, स्वामी विवेकानंद, डॉ. एपीजे अब्दुल कलाम, महामना पंडित मदन मोहन मालवीय, महात्मा गांधी, सरदार वल्लभभाई पटेल, और विनोबा भावे जैसे ऐतिहासिक और आध्यात्मिक नेताओं के जीवन और शिक्षाओं से प्रभावित थीं। उनके विचार और जीवन कथाएँ मीनाक्षी को दृढ़ता, निःस्वार्थता और ज्ञान की खोज के आदर्शों को अपनाने के लिए प्रेरित करती रहीं।

डॉ. मीनाक्षी का मनोविज्ञान में शैक्षणिक और व्यावहारिक योगदान भी उल्लेखनीय है। एक शोधकर्ता के रूप में, उनका ध्यान मानव मन की जटिलता को समझने और मनोवैज्ञानिक कल्याण और सामाजिक समरसता के लिए संभावनाओं को उजागर करने पर केंद्रित रहा है। उनके सामाजिक कार्यों में, वे अपने अकादमिक ज्ञान को समाज के वंचित वर्गों के जीवन में वास्तविक परिवर्तन लाने के लिए उपयोग करती हैं। उनका समाज सेवा का दृष्टिकोण पारंपरिक ज्ञान और आधुनिक मनोवैज्ञानिक पद्धतियों का अनूठा संयोजन है, जो समाज के बहुआयामी मुद्दों का समाधान करता है।

उनकी कलात्मक प्रतिभाएँ, जो उनके विविध कौशल का एक और पहलू हैं, केवल व्यक्तिगत रुचि तक सीमित नहीं हैं। उनकी कला प्रतीकात्मकता और भावनात्मक गहराई से भरपूर होती है, जो उनके दार्शनिक विचारों और सामाजिक चिंताओं को व्यक्त करती है। उनकी रचनाएँ दर्शकों को उनके बुद्धिमत्ता और करुणा की गहराई में झांकने का अवसर प्रदान करती हैं।

कला और समाज विज्ञान के अतिरिक्त, डॉ. मीनाक्षी ने प्राणिक हीलिंग की उपचार कला में भी महारत हासिल की है, जिसे मास्टर चोआ कोक सुई ने विकसित किया था। यह पद्धति, जो शरीर और आभा को ठीक करने के लिए प्राण या जीवन ऊर्जा के उपयोग पर केंद्रित है, न केवल उनके लिए एक व्यक्तिगत खोज रही है, बल्कि दूसरों को उपचार प्रदान करने का एक माध्यम भी है। प्राणिक हीलिंग में उनकी दक्षता विभिन्न प्रकार के ध्यान सिखाने और अभ्यास के साथ पूरी होती है, जो व्यक्तियों और समुदायों में पुनरुत्थान, व्यक्तिगत विकास और समरसता के संवर्धन पर केंद्रित है।

डॉ. मीनाक्षी का जीवन केवल व्यक्तिगत उपलब्धियों की खोज नहीं है, बल्कि समाज के उत्थान और सशक्तिकरण के प्रति समर्पित एक यात्रा है। उनकी विविध रुचियाँ और प्रतिभाएँ—कला, साहित्य, मनोविज्ञान, और उपचार पद्धतियों को जोड़ती हुई—सेवा के एकमात्र पथ पर केंद्रित हैं। वे उन महान हस्तियों की भावना को आत्मसात करती हैं, जिन्होंने उन्हें प्रेरित किया, और अपने कार्यों और शिक्षाओं के माध्यम से उनकी विरासत को आगे बढ़ाती हैं। अपनी पुस्तकों, कला और सामाजिक पहलों के माध्यम से, वे नई पीढ़ी को आत्म-खोज, दृढ़ता और निःस्वार्थता की यात्रा पर चलने के लिए प्रेरित करती हैं।

समाज कल्याण के प्रति उनकी प्रतिबद्धता, विशेष रूप से वंचित बच्चों के उत्थान पर ध्यान केंद्रित करना, शिक्षा और व्यक्तिगत विकास की परिवर्तनकारी क्षमता की उनकी गहरी समझ को दर्शाती है। मनोविज्ञान, कलात्मक संवेदनशीलता और उपचार पद्धतियों के ज्ञान को जोड़कर, डॉ. बंसल ने एक समग्र दृष्टिकोण विकसित किया है जो न केवल तात्कालिक आवश्यकताओं बल्कि समुदायों की दीर्घकालिक भलाई को भी संबोधित करता है।

एक लेखिका के रूप में, डॉ. मीनाक्षी की रचनाएँ प्रेरणादायक अंतर्दृष्टियों,

व्यावहारिक ज्ञान और उनके विस्तृत अध्ययन और जीवन के अनुभवों से लिए गए चिंतनशील विचारों का मिश्रण प्रस्तुत करती हैं। उनकी पुस्तकें उन लोगों के लिए मार्गदर्शिका के रूप में कार्य करती हैं, जो जीवन की जटिलताओं को अनुग्रह, दृढ़ता और उद्देश्य के साथ नेविगेट करना चाहते हैं। अपनी कहानियों के माध्यम से, वे अपने पाठकों को अपने भीतर की गहराइयों का पता लगाने और समाज की सामूहिक भलाई में अर्थपूर्ण योगदान देने के लिए आमंत्रित करती हैं।

डॉ. मीनाक्षी बंसल में हमें एक अद्वितीय कलाकार, विद्वान, उपचारकर्ता और सामाजिक कार्यकर्ता का अद्भुत समन्वय मिलता है। उनका जीवन कार्य आशा का प्रतीक और दुनिया में बदलाव लाने की इच्छा रखने वाले व्यक्तियों के लिए प्रेरणा का स्रोत है। उनकी कहानी सहानुभूति और मानवता की भलाई के प्रति गहरी प्रतिबद्धता से प्रेरित व्यक्तिगत प्रयासों की शक्ति की एक प्रेरक याद दिलाती है। डॉ. मीनाक्षी की विरासत केवल उनके प्रयासों के ठोस परिणामों में नहीं है, बल्कि उस स्थायी जिज्ञासा, सहानुभूति और सेवा की भावना में है, जिसे वे प्रतिपादित करती हैं।

प्रस्तावना

इस पुस्तक की प्रेरणा हिंदू पौराणिक कथाओं में दिव्य स्त्रीत्व के बहुआयामी रूपों को तलाशने और उनके उत्सव की गहरी इच्छा से उत्पन्न हुई। भारतीय आध्यात्मिकता की समृद्ध परंपराओं में डूबे हुए एक समाज में बड़े होते हुए, मैं उन देवी कथाओं से हमेशा मोहित था जो शक्ति, करुणा, ज्ञान और सहनशीलता का प्रतीक हैं। ये देवियां, अपने विविध गुणों और प्रभावशाली कथाओं के साथ, आध्यात्मिक और सांस्कृतिक अंतर्दृष्टि का खजाना प्रस्तुत करती हैं, जो प्राचीन समय जितनी प्रासंगिक आज भी हैं। यह पुस्तक करोड़ों भक्तों के जीवन में उनकी स्थायी उपस्थिति और महत्व के प्रति श्रद्धांजलि है।

कम उम्र से ही मैं इन दिव्य पात्रों के गुणों की प्रशंसा करने वाले पवित्र कथाओं और स्तोत्रों की ओर आकर्षित हुआ। इन देवियों को सम्मानित करने वाले त्योहार, अनुष्ठान, और दैनिक प्रथाएं केवल धार्मिक आयोजन नहीं थे बल्कि सामुदायिक जीवन का अभिन्न अंग थे, जो भारतीय संस्कृति में गहरी श्रद्धा और भक्ति को दर्शाते थे। जैसे-जैसे मैं इन कहानियों में गहराई से डूबा, मैंने देखा कि वे केवल पौराणिक कथाएँ नहीं हैं बल्कि जीवन की जटिलताओं को अनुग्रह, शक्ति और बुद्धिमानी से संभालने के गहरे सबक प्रस्तुत करती हैं। ये देवियां दूर, अमूर्त आंकड़े नहीं हैं; वे प्राकृतिक दुनिया और मानव अनुभव से घनिष्ठ रूप से जुड़ी हैं, उन गुणों और सिद्धांतों को मूर्त रूप देती हैं जो हमारी आंतरिक आकांक्षाओं और चुनौतियों के साथ गूंजते हैं।

इस पुस्तक को लिखते समय मैंने इन देवियों और उनकी शिक्षाओं के सार को पकड़ने का प्रयास किया, जिसमें प्राचीन ग्रंथों, भक्तिपूर्ण साहित्य और समकालीन व्याख्याओं सहित कई स्रोतों का उपयोग किया गया। प्रत्येक देवी दिव्य स्त्रीत्व के एक अनूठे पहलू का प्रतिनिधित्व करती है, और उनकी कहानियां प्रतीकवाद और अर्थ से भरपूर हैं। उनके आख्यानों, चित्रणों और सांस्कृतिक महत्व की खोज करके, मैं उनके ऐतिहासिक और आधुनिक संदर्भों में उनकी भूमिकाओं और प्रासंगिकता को समझने के लिए एक व्यापक और सुलभ मार्गदर्शिका प्रदान करने का प्रयास करता हूं।

इस पुस्तक को शोधने और लिखने की प्रक्रिया एक गहरा समृद्ध यात्रा रही है, जिसने भारतीय आध्यात्मिकता के जटिल ताने-बाने के प्रति मेरी सराहना को गहरा कर दिया है। जिन देवियों के बारे में मैंने लिखा है, वे केवल अकादमिक रुचि के विषय नहीं हैं; वे जीवित उपस्थितियां हैं जो दुनिया भर में व्यक्तियों और समुदायों को प्रेरित और मार्गदर्शित करती रहती हैं। उनकी पूजा और वंदना के माध्यम से भक्त शक्ति, सांत्वना और अपने से बड़े किसी चीज से जुड़ाव का एहसास पाते हैं। यह पुस्तक उन लोगों के लिए एक भेंट है जो इन दिव्य आंकड़ों और उनकी कालातीत शिक्षाओं की अपनी समझ को गहरा करना चाहते हैं।

भारत की देवियों के सबसे उल्लेखनीय पहलुओं में से एक यह है कि वे पोषण और प्रचंड गुणों दोनों को मूर्त रूप देती हैं। वे माताएं, योद्धाएं, चिकित्सक, और रक्षक हैं, प्रत्येक अपने अद्वितीय ऊर्जा को ब्रह्मांडीय संतुलन में लाती हैं। यह द्वैत भारतीय आध्यात्मिकता में स्त्रीत्व की समग्र समझ को दर्शाता है, जिसमें सृजन, संरक्षण, और विनाश शामिल हैं। इन देवियों की कहानियां स्त्रीत्व की अक्सर सरल और अवरोधक धारणाओं को चुनौती देती हैं, स्त्रीत्व की एक दृष्टि प्रस्तुत करती हैं जो शक्तिशाली, गतिशील और अस्तित्व के ताने-बाने में अभिन्न है।

उदाहरण के लिए, देवी ललिता त्रिपुरा सुंदरी को सौंदर्य, कृपा और आनंद का प्रतीक माना जाता है। तांत्रिक परंपराओं में उनकी पूजा आध्यात्मिक ज्ञान प्राप्ति और ईश्वर के साथ एकता के अनुभव पर केंद्रित है। उनके सहस्र नामों (हजार नामों) के माध्यम से, ललिता को सार्वभौमिक मां, सभी सृष्टि के स्रोत और करुणा की मूर्ति के रूप में मनाया जाता है। उनकी शिक्षाएं भक्तों को आंतरिक सौंदर्य और कृपा को विकसित करने के लिए प्रेरित करती हैं, जो अक्सर भौतिक भ्रमों से परे वास्तविकता की धारणा को स्पष्ट करती हैं।

विंध्यवासिनी, पर्वतीय देवी, प्राकृतिक दुनिया की शक्ति और सहनशीलता का प्रतीक हैं। विंध्य पर्वतमाला से उनका जुड़ाव दैवीय और पर्यावरण के बीच गहरे संबंध को उजागर करता है। विंध्यवासिनी की भूमिका एक रक्षक और योद्धा के रूप में साहस और दृढ़ता के महत्व को दर्शाती है। उनकी पूजा प्रकृति के प्रति गहन सम्मान और यह समझ प्रदर्शित करती है कि प्राकृतिक दुनिया में दिव्य ऊर्जा अंतर्निहित है।

तुलसी, पवित्र पौधा और देवी का रूप, आध्यात्मिकता और दैनिक जीवन के एकीकरण का प्रतिनिधित्व करती है। लक्ष्मी का अवतार मानी जाने वाली तुलसी एक पवित्र पौधे और भक्ति व पवित्रता के प्रतीक के रूप में पूजनीय है। घरों में उनकी उपस्थिति और आयुर्वेदिक चिकित्सा में उनके उपयोग से भारतीय आध्यात्मिकता के स्वास्थ्य और कल्याण के समग्र दृष्टिकोण पर प्रकाश पड़ता है। तुलसी को समर्पित अनुष्ठान और त्योहार यह महत्व बताते हैं कि प्रकृति के साथ सामंजस्य में रहना और प्राकृतिक दुनिया में दिव्यता को पहचानना क्यों आवश्यक है।

गायत्री, वैदिक मंत्र का व्यक्तित्व, ज्ञान और आत्मज्ञान की खोज का प्रतीक हैं। गायत्री मंत्र, हिंदू धर्म के सबसे शक्तिशाली और पूजनीय मंत्रों में से एक, आध्यात्मिक जागृति और बुद्धि के प्रकाशन की प्रार्थना है। गायत्री की शिक्षाएं बौद्धिक और आध्यात्मिक विकास के मूल्यों को बढ़ावा देती हैं, भक्तों को ज्ञान प्राप्त करने और सत्य और धर्म के उच्च सिद्धांतों के साथ अपने जीवन को संरेखित करने के लिए प्रेरित करती हैं।

भूमि, पृथ्वी की देवी, पृथ्वी के पोषण और सतत पहलुओं का प्रतिनिधित्व करती हैं। ग्रह का व्यक्तित्व होने के नाते, भूमि उर्वरता, स्थिरता और पोषण के गुणों को मूर्त रूप देती हैं। उनकी पूजा मनुष्यों और पृथ्वी के बीच घनिष्ठ संबंध को रेखांकित करती है, पर्यावरण के प्रति जिम्मेदारी और सम्मान की आवश्यकता पर जोर देती है। भूमि का महत्व विभिन्न सांस्कृतिक और साहित्यिक परंपराओं में फैला है, जहां उन्हें लचीलापन और सभी जीवन की परस्पर संबद्धता के प्रतीक के रूप में मनाया जाता है।

मनसा, प्रजनन क्षमता और स्वास्थ्य की सर्प देवी, दिव्य स्त्रीत्व के सुरक्षात्मक और उपचार पहलुओं को उजागर करती हैं। सांप के काटने का इलाज करने और प्रजनन क्षमता बढ़ाने की उनकी क्षमता के लिए पूजनीय, मनसा की पूजा प्राकृतिक दुनिया और जीवन के चक्रों के प्रति गहरे संबंध को दर्शाती है। उनकी कहानी, मनसा मंगल में वर्णित, सहनशीलता, भक्ति और करुणा के गुणों को उजागर करती है। मनसा की शिक्षाएं हमें प्राकृतिक दुनिया और उसके जीवों का सम्मान और संरक्षण करने के महत्व की याद दिलाती हैं।

संतोषी माता, संतोष की देवी, हिंदू पौराणिक कथाओं में अपेक्षाकृत नई हैं, फिर भी उनकी पूजा ने जल्दी ही ख्याति प्राप्त कर ली है। शांति और संतोष प्रदान करने की उनकी क्षमता के लिए जानी जाने वाली संतोषी माता की शिक्षाएं धैर्य, दृढ़ता और भक्ति के मूल्यों पर बल देती हैं। उनकी पूजा से जुड़े अनुष्ठान, जैसे संतोषी माता व्रत, विश्वास और पारिवारिक और व्यक्तिगत जीवन में सामंजस्य की खोज के महत्व को उजागर करते हैं।

कामाख्या, इच्छा और प्रजनन की देवी, असम की तांत्रिक प्रथाओं में एक केंद्रीय भूमिका निभाती हैं। उनके पूजा का केंद्र कामाख्या मंदिर है, जो इच्छा और स्त्री शरीर की पवित्रता का उत्सव मनाता है। अंबुबाची मेला, जो कामाख्या के मासिक धर्म का प्रतीक है, उन्हें प्रजनन और पृथ्वी के जीवन देने वाले गुणों की देवी के रूप में दर्शाता है। कामाख्या की शिक्षाएं शारीरिक इच्छाओं की स्वीकृति और पारगमन को आध्यात्मिक ज्ञान की राह के रूप में प्रस्तुत करती हैं।

चंडी, शक्ति का प्रचंड रूप, दिव्य स्त्रीत्व के सुरक्षात्मक और परिवर्तनकारी पहलुओं का प्रतिनिधित्व करती हैं। उनकी कहानी, देवी महात्म्य में वर्णित, अंधकार की शक्तियों से लड़ने में उनके पराक्रम और वीरता का उत्सव मनाती है। चंडी की शिक्षाएं साहस, सहनशीलता और प्रतिकूलताओं का सामना करने और उन्हें पार करने के महत्व को बढ़ावा देती हैं। उनकी पूजा, विशेष रूप से दुर्गा पूजा के दौरान, उन्हें योद्धा देवी और ब्रह्मांड की रक्षक के रूप में उनके महत्व को दर्शाती है।

राधा, दिव्य प्रेम का प्रतीक, कृष्ण के प्रति उनके शुद्ध और निःस्वार्थ प्रेम के लिए मनाई जाती हैं। कृष्ण के साथ उनका संबंध आत्मा की दिव्य के साथ एकता की लालसा का प्रतिनिधित्व करता है। वृंदावन में उनकी दिव्य लीला की कहानियों से भरा हुआ, राधा और कृष्ण का प्रेम उनके प्रेम की तीव्रता और आध्यात्मिक गहराई को दर्शाता है। कृष्ण के प्रति राधा की भक्ति तीव्र लालसा और अलगाव से चिह्नित है, जो आध्यात्मिक ज्ञान की ओर आत्मा की यात्रा का प्रतीक है। उनकी पूजा प्रेम, भक्ति और आध्यात्मिक एकता के मूल्यों पर जोर देती है।

सीता, सदाचार और भक्ति का प्रतीक, हिंदू पौराणिक कथाओं में सबसे अधिक

पूजनीय पात्रों में से एक हैं। भगवान राम की पत्नी के रूप में, सीता धर्म और भक्ति के आदर्शों का उदाहरण प्रस्तुत करती हैं। उनका जीवन, जो परीक्षाओं और क्लेशों से भरा हुआ है, धैर्य, पवित्रता और धर्म के प्रति अडिग समर्पण के गुणों को दर्शाता है। रामायण में वर्णित सीता की कहानी धर्म के आदर्शों और भक्ति की परिवर्तनकारी शक्ति में गहरी अंतर्दृष्टि प्रदान करती है। उनकी अटूट आस्था, नैतिक अखंडता और करुणामय स्वभाव उन्हें प्रेरणा और श्रद्धा की स्थायी मूर्ति बनाते हैं।

पार्वती, कोमल माता और पोषक, प्रेम, भक्ति और करुणा का प्रतीक हैं। भगवान शिव की पत्नी और गणेश और कार्तिकेय की मां के रूप में, पार्वती स्त्रीत्व के आदर्श गुणों को मूर्त रूप देती हैं। उनकी जीवन कहानी, जो भक्ति और दृढ़ता से भरी हुई है, उन्हें एक पोषण और सुरक्षात्मक माता के रूप में उनकी भूमिका को उजागर करती है। पार्वती की शिक्षाएं संतुलन, दृढ़ता और करुणा के महत्व पर बल देती हैं, व्यक्तियों को प्रेम और सहनशीलता जैसे गुणों को विकसित करने के लिए प्रेरित करती हैं।

काली, प्रचंड रक्षक और विनाशकारी, दिव्य स्त्रीत्व के गहरे और अधिक शक्तिशाली पहलुओं का प्रतिनिधित्व करती हैं। पार्वती के एक रूप के रूप में, काली ब्रह्मांडीय संतुलन बनाए रखने के लिए आवश्यक विनाशकारी और परिवर्तनकारी शक्तियों को मूर्त रूप देती हैं। उनकी भयंकर उपस्थिति, जिसमें जंगली बाल, खोपड़ियों की माला, और बाहर निकली हुई जीभ शामिल हैं, दिव्य की कच्ची और अनियमित ऊर्जा का प्रतीक है। काली की शिक्षाएं आत्म-छाया को स्वीकार करने और भय और चुनौतियों का सामना करने की परिवर्तनकारी शक्ति के महत्व पर बल देती हैं। उनकी पूजा, विशेष रूप से काली पूजा के दौरान, बुराई के खिलाफ रक्षक और अस्तित्व के गहरे पहलुओं के मार्गदर्शक के रूप में उनकी भूमिका को दर्शाती है।

सरस्वती, ज्ञान और शिक्षा की देवी, संगीत और कला की मूर्ति मानी जाती हैं। उन्हें प्रायः वीणा और पुस्तक धारण करते हुए चित्रित किया जाता है, जो कलात्मक और बौद्धिक प्रयासों के एकीकरण का प्रतीक हैं। सरस्वती की शिक्षाएं बौद्धिक और कलात्मक प्रतिभाओं के विकास को प्रोत्साहित करती हैं, शिक्षा, रचनात्मकता और ज्ञान की खोज के मूल्यों को बढ़ावा देती हैं। उनकी पूजा, विशेष रूप से वसंत पंचमी

के त्योहार के दौरान, शिक्षा और सांस्कृतिक समृद्धि के महत्व को उजागर करती है।

लक्ष्मी, धन और समृद्धि की प्रदात्री, हिंदू धर्म में सबसे व्यापक रूप से पूजित देवियों में से एक हैं। भगवान विष्णु की पत्नी के रूप में, लक्ष्मी समृद्धि, सौभाग्य और सुंदरता के गुणों का प्रतीक हैं। घरों और व्यवसायों में उनकी उपस्थिति समृद्धि और कल्याण की इच्छा को दर्शाती है। लक्ष्मी को समर्पित दिवाली का त्योहार धन और सफलता के लिए उनके आशीर्वाद का आह्वान करने का समय है। लक्ष्मी की शिक्षाएं आभार, उदारता और नैतिक जीवन के महत्व पर बल देती हैं, जो समृद्धि की खोज में आवश्यक हैं।

इस पुस्तक के लेखन और शोध ने मुझे भारतीय आध्यात्मिकता के विशाल और समृद्ध परिदृश्य के प्रति नई दृष्टि दी है। जिन देवियों के बारे में मैंने लिखा है, वे केवल पौराणिक कथाओं की नायिकाएं नहीं हैं, बल्कि वे शक्तिशाली प्रतीक और जीवंत प्रेरणाएं हैं, जो अपने अनगिनत भक्तों के दिलों में बसती हैं। इनकी कहानियां, शिक्षाएं, और प्रतिमाएं, हमारे आधुनिक जीवन में नई रोशनी डालती हैं और आत्मा को ऊंचा उठाने वाले सिद्धांतों की ओर प्रेरित करती हैं।

डॉ. मीनाक्षी बंसल
सामाजिक कार्यकर्ता
अहमदाबाद, गुजरात, भारत

1

शक्ति का सार: स्त्री शक्ति की समझ

संस्कृत में "शक्ति" का अर्थ "शक्ति" या "ऊर्जा" है और यह हिंदू दर्शन के सबसे गहरे और आवश्यक पहलुओं में से एक है। यह उन गतिशील बलों का प्रतिनिधित्व करती है, जिनके बारे में माना जाता है कि वे पूरे ब्रह्मांड में संचालित होती हैं। हिंदू धर्म में स्त्री शक्ति की समझ के लिए शक्ति का ज्ञान अनिवार्य है। यह सिद्धांत केवल एक रूपक नहीं है, बल्कि एक महत्वपूर्ण शक्ति है जो ईश्वरत्व और स्वयं अस्तित्व के स्त्री पहलू को मूर्त रूप देती है।

शक्ति को अक्सर एक देवी के रूप में व्यक्त किया जाता है और सर्वोच्च सत्ता के रूप में पूजित किया जाता है। वह ब्रह्मांड की माता हैं, वह जीवन ऊर्जा जो हर चीज में व्याप्त है और सृष्टि, संरक्षण और विनाश के लिए जिम्मेदार है। हिंदू पौराणिक कथाओं में, शक्ति को अक्सर शिव, विष्णु और ब्रह्मा जैसे प्रमुख पुरुष देवताओं की संगिनी के रूप में देखा जाता है, और वह दुर्गा, काली, पार्वती, लक्ष्मी और सरस्वती जैसे विभिन्न रूपों और नामों में प्रकट होती हैं। इन सभी देवियों का प्रतिनिधित्व एक ही दिव्य शक्ति के विभिन्न पहलुओं के रूप में होता है, जो स्त्री ऊर्जा की बहुआयामी प्रकृति को दर्शाता है।

शक्ति की कहानी उस प्रारंभिक ब्रह्मांडीय ऊर्जा से शुरू होती है जो समय और स्थान से पहले अस्तित्व में थी। हिंदू ब्रह्मांड विज्ञान के अनुसार, ब्रह्मांड चक्रीय रूप से निर्मित और नष्ट होता है, और इन प्रक्रियाओं में शक्ति महत्वपूर्ण भूमिका

निभाती हैं। वह वह सृजनात्मक शक्ति हैं जो ब्रह्मांड को अस्तित्व में लाती हैं और वह विनाशकारी शक्ति भी हैं जो इसे अराजकता में भंग कर देती हैं, नई सृष्टि के लिए मार्ग प्रशस्त करती हैं। सृजन और विनाश का यह चक्रीय स्वभाव ब्रह्मांड के संतुलन को बनाए रखने में शक्ति की महत्वपूर्ण भूमिका को उजागर करता है।

शक्ति का सबसे महत्वपूर्ण पहलुओं में से एक उनका सृजनात्मक शक्ति के रूप में कार्य है। इस संदर्भ में, उन्हें अक्सर प्रकृति (प्रकृति) के साथ जोड़ा जाता है और सभी जीवन और अस्तित्व के स्रोत के रूप में देखा जाता है। ब्रह्मांड उनके गर्भ से उत्पन्न होता है, और वह इसे पोषण और संरक्षित करती हैं। यह सृजनात्मक शक्ति केवल भौतिक क्षेत्र तक सीमित नहीं है बल्कि बौद्धिक और आध्यात्मिक आयामों तक भी फैली हुई है। शक्ति कला, संगीत और साहित्य के सभी रूपों के पीछे प्रेरणा हैं, साथ ही वह ज्ञान और विवेक भी हैं जो मानव सभ्यता को मार्गदर्शित करते हैं। शक्ति का यह पहलू विशेष रूप से देवी सरस्वती के माध्यम से व्यक्त किया जाता है, जिन्हें शिक्षा और कला की देवी के रूप में पूजा जाता है।

शक्ति का संरक्षक के रूप में कार्य भी उतना ही महत्वपूर्ण है। इस पहलू में, उन्हें अक्सर देवी लक्ष्मी के साथ जोड़ा जाता है, जो हिंदू धर्म में संरक्षण के देवता विष्णु की संगिनी हैं। लक्ष्मी धन, समृद्धि और कल्याण का प्रतिनिधित्व करती हैं। वह सुनिश्चित करती हैं कि जीवन को बनाए रखा जाए और पोषित किया जाए, वृद्धि और विकास के लिए आवश्यक संसाधन और आशीर्वाद प्रदान करती हैं। उनके माध्यम से, शक्ति ब्रह्मांड के आदेश और सद्भाव को बनाए रखने वाली शक्ति के रूप में प्रकट होती हैं, जिससे यह फलता-फूलता है।

शक्ति का विनाशकारी पहलू शायद सबसे अधिक गलत समझा जाता है। यह अराजकता के लिए विनाश नहीं है, बल्कि एक आवश्यक प्रक्रिया है जो नई सृष्टि के लिए मार्ग प्रशस्त करती है। यह देवी काली द्वारा जीवंत रूप से दर्शाया गया है, जो अक्सर एक प्रचंड और डरावने रूप में चित्रित की जाती हैं। काली का विनाशकारी रूप बुराई और अज्ञानता को खत्म करने के लिए है, ज्ञान और धर्म की रोशनी के लिए मार्ग प्रशस्त करने के लिए। वह शक्ति के परिवर्तनकारी बल का प्रतीक हैं, जो आध्यात्मिक विकास और आत्मज्ञान के लिए आवश्यक है। बिना विनाश के, नवीनीकरण संभव नहीं है, और काली का प्रचंड प्रेम सुनिश्चित करता है कि जीवन का चक्र अनवरत चलता रहे।

शक्ति का एक अन्य महत्वपूर्ण आयाम उनका माता और पोषणकर्ता के रूप में कार्य है। इस पहलू में, उन्हें सबसे अधिक देवी पार्वती के साथ जोड़ा जाता है, जो शिव की संगिनी हैं। पार्वती शक्ति का कोमल और पोषण करने वाला पक्ष प्रस्तुत करती हैं—एक स्नेहमयी माता जो अपने बच्चों की देखभाल करती हैं और एक समर्पित पत्नी जो अपने पति का समर्थन करती हैं। यह पोषण करने वाला पहलू केवल पारिवारिक संबंधों तक ही सीमित नहीं है, बल्कि सभी सृष्टि तक विस्तारित होता है। ब्रह्मांड की माता के रूप में शक्ति सभी प्राणियों का ध्यान रखती हैं, उन्हें विकसित और प्रगतिशील होने के लिए आवश्यक प्रेम और समर्थन प्रदान करती हैं।

शक्ति को एक शक्तिशाली योद्धा के रूप में भी देखा जाता है जो धर्म की रक्षा और न्याय की स्थापना के लिए लड़ती हैं। यह योद्धा रूप देवी दुर्गा के माध्यम से सबसे प्रसिद्ध रूप में व्यक्त किया गया है, जो अक्सर शेर पर सवार और विभिन्न हथियारों से सुसज्जित चित्रित की जाती हैं। दुर्गा के राक्षसों और बुरी शक्तियों के खिलाफ युद्ध धर्म और अधर्म, प्रकाश और अंधकार के बीच शाश्वत संघर्ष का प्रतीक है। उनकी विजय भक्तों को याद दिलाती है कि दिव्य स्त्री शक्ति बाधाओं को पार करने और नकारात्मक शक्तियों को हराने के लिए हमेशा उपलब्ध है, चाहे वे हमारे भीतर हों या हमारे बाहर।

शक्ति की पूजा हिंदू धार्मिक प्रथाओं का केंद्रीय हिस्सा है। नवरात्रि जैसे त्योहार, जो शक्ति के नौ रूपों का उत्सव मनाते हैं, महान भक्ति और उत्साह के साथ मनाए जाते हैं। ये उत्सव देवी के विभिन्न पहलुओं को उजागर करते हैं और भक्तों को शक्ति, ज्ञान, समृद्धि, और सुरक्षा के लिए उनका आशीर्वाद प्राप्त करने के लिए प्रेरित करते हैं। अनुष्ठानों, प्रार्थनाओं, और भेंटों के माध्यम से, भक्त दिव्य स्त्री ऊर्जा से जुड़ते हैं और उसे अपने जीवन में आमंत्रित करते हैं।

शक्ति को समझने में पुरुष और स्त्री सिद्धांतों के बीच संतुलन और सामंजस्य को पहचानना भी शामिल है। हिंदू दर्शन में, ब्रह्मांड इन दो बलों के पारस्परिक क्रियाओं द्वारा बनाए रखा जाता है। पुरुष सिद्धांत, जिसे अक्सर शिव, विष्णु और ब्रह्मा जैसे देवताओं द्वारा व्यक्त किया जाता है, चेतना, स्थिरता और

व्यवस्था का प्रतिनिधित्व करता है। इसके विपरीत, स्त्री सिद्धांत, जो शक्ति का प्रतिनिधित्व करता है, ऊर्जा, गतिकता, और परिवर्तन का प्रतीक है। इन दोनों बलों का नृत्य ब्रह्मांड का निर्माण और पालन-पोषण करता है। यह परस्पर क्रिया अर्धनारीश्वर के रूप में सुंदर रूप से चित्रित की जाती है, जो शिव और पार्वती का एक मिश्रित रूप है, जो पुरुष और स्त्री ऊर्जा की अविभाज्य प्रकृति का प्रतीक है।

शक्ति का सिद्धांत पौराणिक कथाओं और धार्मिक प्रथाओं से परे विस्तारित होता है; इसका सामाजिक और सांस्कृतिक संदर्भों में महिलाओं की भूमिकाओं पर गहरा प्रभाव पड़ता है। कई तरीकों से, शक्ति के प्रति श्रद्धा स्त्री शक्ति और समाज में इसकी महत्वपूर्ण भूमिका के लिए उच्च सम्मान को दर्शाती है। महिलाओं को शक्ति के रूप में देखा जाता है और उनकी रचनात्मक, पोषण करने वाली, और परिवर्तनकारी क्षमताओं के लिए सम्मानित और सराहा जाता है। यह सम्मान विभिन्न सांस्कृतिक प्रथाओं, परंपराओं और सामाजिक संरचनाओं में स्पष्ट होता है जो महिलाओं को सशक्त और सम्मानित करते हैं।

हालांकि, यह भी मान्यता देना आवश्यक है कि शक्ति का सिद्धांत पारंपरिक लिंग भूमिकाओं को चुनौती देता है और उन्हें पार कर जाता है। शक्ति केवल महिलाओं तक ही सीमित नहीं है; यह एक सार्वभौमिक बल है जो सभी प्राणियों के भीतर मौजूद है, चाहे उनका लिंग कुछ भी हो। प्रत्येक व्यक्ति में पुरुष और स्त्री ऊर्जा का संतुलन होता है, और शक्ति को समझने का अर्थ है इस आंतरिक द्वैत को स्वीकार करना। अपनी प्रकृति के दोनों पहलुओं को पहचानने और विकसित करने से, हम अपने जीवन में अधिक सामंजस्य और संतोष प्राप्त कर सकते हैं।

आधुनिक समय में, शक्ति का सार लैंगिक समानता और महिलाओं के सशक्तिकरण के आंदोलनों को प्रेरित करता है। स्त्री शक्ति को एक महत्वपूर्ण और पवित्र शक्ति के रूप में मान्यता देना पितृसत्तात्मक संरचनाओं को चुनौती देता है और सामाजिक और सांस्कृतिक मुद्दों के प्रति अधिक संतुलित और समावेशी दृष्टिकोण की मांग करता है। शक्ति की ताकत और सहनशीलता का उपयोग करके महिलाएं एक अधिक न्यायसंगत और समान दुनिया बनाने के प्रयासों में अग्रणी भूमिका निभा रही हैं।

शक्ति का सार, इसलिए, उस स्त्री शक्ति का उत्सव है जो सभी जीवन में

अंतर्निहित है। यह दिव्य स्त्री के गतिशील और बहुआयामी प्रकृति की पहचान है, जिसमें सृजन, संरक्षण, विनाश, पोषण और सुरक्षा शामिल हैं। शक्ति की पूजा और समझ के माध्यम से, भक्त उस मौलिक ऊर्जा से जुड़ते हैं जो ब्रह्मांड को संचालित करती है और अपनी आंतरिक शक्ति और संभावनाओं की अंतर्दृष्टि प्राप्त करते हैं।

शक्ति को समझने से हमें उन गहरे और जटिल बलों की सराहना करने में मदद मिलती है जो ब्रह्मांड को बनाए रखते हैं। इस संतुलन की मान्यता हमें अपनी प्रकृति के विविध और गतिशील पहलुओं को अपनाने के लिए आमंत्रित करती है, जो हमारे चारों ओर की दुनिया और भीतर के दिव्य से गहरा संबंध बनाती है। शक्ति का सार हमें याद दिलाता है कि सच्ची शक्ति प्रभुत्व में नहीं, बल्कि ऊर्जा के सामंजस्यपूर्ण समन्वय, जीवन की रचनात्मक शक्ति, और हमें सभी का पालन करने वाले पोषणकारी प्रेम में निहित है।

शक्ति का सम्मान करके, हम अपने भीतर और ब्रह्मांड में स्त्री शक्ति का सम्मान करते हैं, उसके अस्तित्व के नृत्य में इसकी अनिवार्य भूमिका को स्वीकार करते हैं। यह समझ आध्यात्मिकता के लिए एक अधिक समग्र और एकीकृत दृष्टिकोण के द्वार खोलती है, जो दिव्य स्त्री की सुंदरता और शक्ति और जीवन की बढ़ती कहानी में इसके अपरिहार्य योगदान का उत्सव मनाती है।

"हिंदू पौराणिक कथाओं की देवियां दिव्य स्त्री के बल, ज्ञान और करुणा का प्रतीक हैं। वे हमें जीवन की चुनौतियों को अनुग्रह और सहनशीलता के साथ नेविगेट करने के लिए मार्गदर्शन करती हैं। उनकी कहानियां अस्तित्व की जटिलताओं को समझने के लिए कालातीत पाठ हैं।"

2

दुर्गा: अजेय योद्धा देवी

दुर्गा, अजेय योद्धा देवी, हिंदू पौराणिक कथाओं की सबसे पूजनीय और शक्तिशाली देवियों में से एक हैं। उनकी कहानी साहस, शक्ति और करुणा की है, जो स्त्री शक्ति के अनिवार्य सार को प्रस्तुत करती है। दुर्गा की कथा केवल एक पौराणिक कथा नहीं है, बल्कि यह एक गहन आध्यात्मिक और दार्शनिक प्रतीक है, जो अच्छाई और बुराई, धर्म और अधर्म, और प्रकाश और अंधकार के बीच शाश्वत संघर्ष के साथ गूंजती है। वह उस दिव्य ऊर्जा का प्रतिनिधित्व करती हैं जो ब्रह्मांड की रक्षा करती है और जब भी संतुलन बिगड़ता है तो उसे पुनर्स्थापित करती है।

दुर्गा की उत्पत्ति एक ब्रह्मांडीय संकट से हुई है। हिंदू पौराणिक कथाओं के अनुसार, एक समय दुनिया महिषासुर नामक राक्षस द्वारा आतंकित थी, जो एक भैंस और मानव के बीच रूप बदलने की शक्ति रखता था। महिषासुर ने कठोर तपस्या के माध्यम से भगवान ब्रह्मा से एक वरदान प्राप्त किया था, जिससे वह किसी भी पुरुष या देवता से अजेय हो गया। शक्ति और अहंकार से मदमस्त होकर उसने आतंक का राज स्थापित कर दिया, देवताओं और मनुष्यों को समान रूप से अधीन कर लिया और ब्रह्मांड को अराजकता और निराशा में डुबो दिया। देवता, महिषासुर को पराजित करने में असमर्थ, सर्वोच्च त्रिदेव – ब्रह्मा, विष्णु और शिव – से सहायता मांगने गए।

देवताओं की प्रार्थनाओं और निवेदनों के उत्तर में, त्रिदेवों ने अपनी ऊर्जा को मिलाकर एक शक्तिशाली देवी की रचना की। उनकी सामूहिक ऊर्जा से दुर्गा का प्रादुर्भाव हुआ, जो तेजस्वी और दिव्य आभा से युक्त थीं। प्रत्येक देवता ने उन्हें

अपने सबसे शक्तिशाली शस्त्रों से सुशोभित किया – शिव ने अपना त्रिशूल दिया, विष्णु ने अपना चक्र, वरुण ने अपना शंख, अग्नि ने अपना भाला, वायु ने धनुष और बाण, इंद्र ने अपना वज्र, और इसी प्रकार। सिंह पर सवार दुर्गा दिव्य शक्ति और दृढ़ संकल्प की प्रतीक बन गईं, जो ब्रह्मांडीय संतुलन को खतरे में डालने वाली दानवी शक्तियों का सामना करने और उन्हें पराजित करने के लिए तैयार थीं।

दुर्गा और महिषासुर के बीच युद्ध हिंदू पौराणिक कथाओं की सबसे महाकाव्य कथाओं में से एक है। यह देवी महात्म्य में वर्णित है, जो मार्कंडेय पुराण का एक भाग है। नौ दिन और रातों तक दुर्गा ने महिषासुर और उसकी सेना से युद्ध किया, अप्रतिम शक्ति, कौशल और वीरता का प्रदर्शन किया। राक्षस के साथ प्रत्येक मुठभेड़ ने उनकी युद्ध कला और रणनीतिक कुशलता को प्रदर्शित किया। महिषासुर की रूप बदलने की क्षमताओं ने एक बड़ी चुनौती पेश की, लेकिन दुर्गा ने अडिग रहकर हर चाल का सामना किया। युद्ध का समापन दसवें दिन हुआ जब दुर्गा ने अपने त्रिशूल से महिषासुर के हृदय को भेदकर उसके अत्याचार का अंत किया और ब्रह्मांड में शांति और व्यवस्था को पुनर्स्थापित किया। इस विजय को विजयादशमी या दशहरा के रूप में प्रतिवर्ष मनाया जाता है, जो अच्छाई पर बुराई की जीत का प्रतीक है।

दुर्गा की प्रतिमा उनके अजेय योद्धा देवी के रूप को दर्शाने वाले प्रतीकों से भरपूर है। उन्हें अक्सर कई भुजाओं के साथ चित्रित किया जाता है, जिनमें प्रत्येक में एक हथियार होता है, जो उनकी कई खतरों से एक साथ निपटने की क्षमता का प्रतीक है। उनका सिंह वाहन साहस और शक्ति का प्रतीक है, जबकि युद्ध के बीच उनकी शांत मुखाकृति उनके दिव्य संयम और अनुग्रह को दर्शाती है। उनके द्वारा धारण किए गए शस्त्र केवल युद्ध के उपकरण नहीं हैं, बल्कि विभिन्न गुणों और शक्तियों के प्रतीक हैं: त्रिशूल बुराई को नष्ट करने की शक्ति का प्रतीक है; चक्र समय और धर्म के चक्रीय स्वरूप को दर्शाता है; शंख सृष्टि की मूल ध्वनि और ज्ञान के प्रसार का प्रतीक है; धनुष और बाण केंद्रित ऊर्जा और दिशा का प्रतीक हैं; और वज्र अडिग आत्मा और अज्ञान को नष्ट करने की क्षमता को व्यक्त करता है।

दुर्गा की कथा उनके युद्ध कौशल से परे है और गहरे आध्यात्मिक और दार्शनिक

आयामों में उतरती है। वह केवल एक योद्धा ही नहीं, बल्कि एक माता, पोषणकर्ता और रक्षक भी हैं। उनके मातृत्व पक्ष को अक्सर "दुर्गा माँ" या "माँ दुर्गा" की उपाधि में उजागर किया जाता है। वह दयालु माँ हैं जो अपने बच्चों की हानि से प्रबल रक्षा करती हैं और उन्हें धर्म के मार्ग पर ले जाती हैं। एक प्रचंड योद्धा और एक स्नेहमयी माता होने का यह द्वैत स्त्री शक्ति की जटिल और समग्र प्रकृति को दर्शाता है। यह इस विचार को रेखांकित करता है कि सच्ची शक्ति केवल लड़ने की क्षमता में नहीं, बल्कि पोषण और देखभाल करने की क्षमता में भी निहित है।

दुर्गा की पूजा हिंदू धार्मिक प्रथाओं का एक केंद्रीय पहलू है, विशेष रूप से नवरात्रि के त्योहार के दौरान, जो नौ रातों तक चलता है और विजयादशमी पर समाप्त होता है। नवरात्रि के दौरान, भक्त उपवास, प्रार्थना और विभिन्न अनुष्ठानों में संलग्न होते हैं, दुर्गा के नौ रूपों, जिन्हें सामूहिक रूप से नवदुर्गा कहा जाता है, का सम्मान करने के लिए। प्रत्येक रूप देवी के विभिन्न पहलुओं और उनकी दिव्य गुणों का प्रतिनिधित्व करता है। यह त्योहार आध्यात्मिक चिंतन, नवीनीकरण और उत्सव का समय है, जो प्रकाश पर अंधकार और स्त्री शक्ति की शक्ति की विजय को उजागर करता है।

दुर्गा का प्रभाव धार्मिक पूजा से परे सांस्कृतिक और सामाजिक क्षेत्रों तक फैला हुआ है। वह विशेष रूप से महिलाओं के लिए सशक्तिकरण का प्रतीक हैं। एक ऐसे समाज में, जहां महिलाओं को अक्सर उत्पीड़न और असमानता का सामना करना पड़ा है, दुर्गा शक्ति और सहनशीलता का प्रकाशस्तंभ बनकर उभरती हैं। उनकी कहानी महिलाओं को चुनौतियों से ऊपर उठने, अपनी शक्ति को व्यक्त करने और अन्याय के खिलाफ लड़ने के लिए प्रेरित करती है। दुर्गा की योद्धा देवी के रूप में छवि भारत और उसके बाहर महिलाओं के अधिकारों और सशक्तिकरण के विभिन्न आंदोलनों में एक शक्तिशाली प्रतीक रही है। वह इस विचार को मूर्त रूप देती हैं कि स्त्रीत्व और शक्ति विरोधाभासी नहीं हैं, बल्कि वास्तव में गहराई से जुड़े हुए हैं।

दुर्गा की कथा के दार्शनिक आधार भी अच्छाई और बुराई की प्रकृति पर गहरी अंतर्दृष्टि प्रदान करते हैं। राक्षस महिषासुर अहंकार और मानव मन की गहरी

प्रवृत्तियों का प्रतिनिधित्व करता है – अहंकार, अज्ञानता, और अनियंत्रित इच्छाएं। महिषासुर के खिलाफ दुर्गा का युद्ध उस आंतरिक संघर्ष का प्रतीक है जिसे प्रत्येक व्यक्ति को इन नकारात्मक प्रवृत्तियों को दूर करने और आध्यात्मिक ज्ञान प्राप्त करने के लिए करना चाहिए। उनकी विजय यह याद दिलाती है कि दिव्य कृपा और आंतरिक शक्ति सबसे बड़ी चुनौतियों को भी जीत सकती हैं। दुर्गा की कहानी की यह प्रतीकात्मक व्याख्या अच्छाई और आत्म-नियंत्रण की जीत के बारे में एक कालातीत और सार्वभौमिक संदेश प्रदान करती है।

समकालीन समय में दुर्गा की प्रासंगिकता विशेष रूप से गहरी है। एक ऐसे युग में, जो सामाजिक, राजनीतिक और पर्यावरणीय उथल-पुथल से चिह्नित है, उनकी कथा साहस, सहनशीलता, और धर्म के कार्य की आवश्यकता की एक शक्तिशाली याद दिलाती है। वह जिन मूल्यों का प्रतिनिधित्व करती हैं – शक्ति, करुणा, न्याय, और ज्ञान – आज पहले से कहीं अधिक प्रासंगिक हैं। उनकी कहानी व्यक्तियों और समाजों को अपने सामने आने वाली चुनौतियों का साहसपूर्वक सामना करने, अन्याय के खिलाफ लड़ने और एक सामंजस्यपूर्ण और संतुलित अस्तित्व के लिए प्रयास करने के लिए प्रेरित करती है।

इसके अलावा, दुर्गा की प्रतीकात्मकता और चिह्न विभिन्न कलात्मक और सांस्कृतिक अभिव्यक्तियों में अनुकूलित और पुनर्व्याख्यायित की गई है। भरतनाट्यम और कथक जैसी शास्त्रीय नृत्य शैलियों से लेकर समकालीन कला और साहित्य तक, दुर्गा रचनात्मकता और नवाचार को प्रेरित करती रहती हैं। उनकी छवि भारतीय कला में एक सामान्य प्रतीक है, जो चित्रों, मूर्तियों और मंदिर वास्तुकला में दिखाई देती है, जो सांस्कृतिक चेतना में उनकी स्थायी उपस्थिति को दर्शाती है।

दुर्गा का धार्मिक महत्व भी गहरा है। उन्हें अक्सर हिंदू दर्शन में अंतिम वास्तविकता, ब्रह्म, से जोड़ा जाता है। अद्वैत वेदांत परंपरा में, दुर्गा को ब्रह्म के गतिशील पहलू के रूप में देखा जाता है, वह शक्ति जो ब्रह्मांड को जीवंत और बनाए रखती है। इस अंतिम वास्तविकता से उनका यह संबंध उनकी स्थिति को केवल एक देवी से ऊपर उठाकर अस्तित्व के मूलभूत सिद्धांत के स्तर तक ले जाता है। उनकी पूजा, इसलिए, केवल एक अनुष्ठानिक अभ्यास नहीं है, बल्कि सृष्टि में व्याप्त दिव्य सार से जुड़ने का एक साधन है।

दुर्गा को समझने के लिए उनके चारों ओर के समृद्ध मिथकों, प्रतीकों और दर्शन के ताने-बाने की सराहना करना आवश्यक है। वह एक बहुआयामी देवी हैं जो साधारण श्रेणीकरण को पार करती हैं। उनकी कथा पौराणिक, आध्यात्मिक और सांस्कृतिक तत्वों का संगम है, जो मिलकर एक प्रेरक और प्रेरणादायक व्यक्तित्व बनाते हैं। दुर्गा की कहानी यह प्रमाण है कि मिथक की शक्ति गहरी सच्चाइयों को व्यक्त करने और मानव अनुभव के बारे में गहन अंतर्दृष्टि प्रदान करने में कितनी सक्षम है।

दुर्गा, अजेय योद्धा देवी, हिंदू देवताओं के समूह में एक केंद्रीय व्यक्तित्व बनी हुई हैं और दिव्य स्त्री शक्ति का एक शक्तिशाली प्रतीक हैं। उनकी कथा, जो प्रतीकों और आध्यात्मिक महत्व से समृद्ध है, शक्ति, सहनशीलता, और अच्छाई और बुराई के शाश्वत संघर्ष के बारे में कालातीत पाठ प्रस्तुत करती है। एक योद्धा और माता के रूप में, वह स्त्री शक्ति की जटिल और समग्र प्रकृति को मूर्त रूप देती हैं, अपने अनुयायियों के बीच भक्ति और श्रद्धा को प्रेरित करती हैं। उनका प्रभाव धार्मिक पूजा से परे है, जो सांस्कृतिक और सामाजिक क्षेत्रों में व्याप्त है, और सशक्तिकरण और न्याय के प्रकाशस्तंभ के रूप में कार्य करता है। एक बदलती दुनिया में, दुर्गा की कथा प्रतिध्वनित होती रहती है, हमें दिव्य स्त्री शक्ति की स्थायी शक्ति और ब्रह्मांडीय व्यवस्था में इसकी महत्वपूर्ण भूमिका की याद दिलाती है।

"ललिता त्रिपुरा सुंदरी, आनंद और सौंदर्य की देवी, हमें आंतरिक सामंजस्य और आध्यात्मिक ज्ञान की खोज करने के लिए प्रेरित करती हैं। उनकी कृपा और सुंदरता हमें भीतर की सुंदरता की याद दिलाती हैं। उनके माध्यम से, हम आंतरिक सौंदर्य और आत्म-परिवर्तन के महत्व को सीखते हैं।"

ᘒ

3

4

"सरस्वती: ज्ञान, कला और आत्म-साक्षात्कार की देवी"

सरस्वती केवल शिक्षा और वाणी से ही नहीं, बल्कि कला की देवी के रूप में भी पूजनीय हैं। संगीत, नृत्य, चित्रकला और अन्य कलात्मक अभिव्यक्तियां उनकी दिव्य ऊर्जा की अभिव्यक्ति मानी जाती हैं। उनके हाथ में वीणा सृष्टि में व्याप्त दिव्य संगीत का प्रतीक है, जो यह दर्शाता है कि संगीत एक सार्वभौमिक भाषा है, जो सभी प्राणियों को जोड़ती है। कला की संरक्षिका के रूप में सरस्वती की भूमिका रचनात्मकता और आध्यात्मिकता के बीच के घनिष्ठ संबंध पर जोर देती है। कलात्मक अभिव्यक्ति केवल मानव प्रयास नहीं है, बल्कि यह ईश्वर की पूजा का एक रूप है और transcendent (अधिगत) के साथ जुड़ने का एक साधन है।

सरस्वती की पूजा का दार्शनिक आयाम यह मान्यता देता है कि सच्चा ज्ञान बौद्धिक समझ और आध्यात्मिक ज्ञान दोनों को समाहित करता है। हिंदू विचार में, ज्ञान (ज्ञान) को दो प्रकारों में विभाजित किया गया है: अपरा विद्या, या निम्न ज्ञान, जिसमें अनुभवजन्य और सांसारिक ज्ञान शामिल है; और परा विद्या, या उच्च ज्ञान, जो आध्यात्मिक समझ और आत्मा की अनुभूति से संबंधित है। सरस्वती दोनों पहलुओं को मूर्त रूप देती हैं, अपने भक्तों को विश्व और उसमें उनकी स्थिति की समग्र समझ की ओर मार्गदर्शित करती हैं। उनके आशीर्वाद केवल शैक्षणिक सफलता के लिए ही नहीं, बल्कि आध्यात्मिक ज्ञान

और विनम्रता, करुणा और विवेक जैसे गुणों के विकास के लिए भी मांगे जाते हैं।

हिंदू अनुष्ठानों और धार्मिक समारोहों के संदर्भ में भी सरस्वती का आह्वान महत्वपूर्ण है। वैदिक अनुष्ठानों की शुरुआत में उनका आह्वान किया जाता है, जहां स्पष्टता और वाक्पटुता के लिए उनके आशीर्वाद प्राप्त करने के लिए मंत्र और स्तोत्र गाए जाते हैं। सरस्वती वंदना, जो देवी को समर्पित एक स्तुति है, छात्रों और विद्वानों द्वारा अध्ययन शुरू करने से पहले प्रार्थना के रूप में की जाती है, उनसे मार्गदर्शन और प्रेरणा की प्रार्थना की जाती है। मंत्र "ॐ सरस्वत्यै नमः" अक्सर उनके आशीर्वाद के लिए और ज्ञान और बुद्धिमत्ता प्राप्त करने के लिए जपा जाता है।

सरस्वती का प्रभाव हिंदू धर्म से परे अन्य संस्कृतियों और धर्मों में भी मान्यता प्राप्त है। बौद्ध धर्म में, उन्हें बेंजैतेन या बेंटेन के रूप में जाना जाता है, जो जल, शब्द, वाणी, संगीत और ज्ञान सहित सभी प्रवाहित चीजों की देवी हैं। उन्हें जापान में पूजा जाता है, जहां उन्हें अक्सर एक बिवा (पारंपरिक जापानी वीणा) धारण करते हुए चित्रित किया जाता है। बेंजैतेन की पूजा ज्ञान और शिक्षा के सिद्धांतों के प्रति पार-सांस्कृतिक श्रद्धा को दर्शाती है, जो सरस्वती को मूर्त रूप देते हैं। इसी प्रकार, जैन धर्म में, सरस्वती को ज्ञान की देवी के रूप में पूजा जाता है और विद्वानों और बौद्धिक गतिविधियों में उनके आशीर्वाद के लिए उनका आह्वान किया जाता है।

सरस्वती से संबंधित दार्शनिक शिक्षाएं ज्ञान की खोज को मोक्ष (मुक्ति) के मार्ग के रूप में मान्यता देती हैं। हिंदू धर्म में, ज्ञान का अधिग्रहण केवल सांसारिक सफलता के लिए नहीं, बल्कि अज्ञानता को पार करने और आध्यात्मिक मुक्ति प्राप्त करने का एक साधन माना जाता है। उपनिषद, प्राचीन हिंदू ग्रंथों का एक संग्रह, आत्म-ज्ञान की खोज और परम सत्य (ब्रह्म) की अनुभूति को मानव जीवन का सर्वोच्च लक्ष्य मानते हैं। ज्ञान की देवी के रूप में सरस्वती अपने भक्तों को इस पथ पर मार्गदर्शित करती हैं, उन्हें अज्ञानता पर विजय पाने और आत्म-साक्षात्कार प्राप्त करने में मदद करती हैं।

सरस्वती के महत्व को उनके विभिन्न अवतारों और अभिव्यक्तियों में भी देखा जा सकता है, जो ज्ञान और बुद्धिमत्ता के विभिन्न पहलुओं का प्रतिनिधित्व करते

हैं। उनके एक प्रसिद्ध अवतार में से एक सावित्री हैं, जो गायत्री मंत्र की देवी हैं। गायत्री मंत्र, जो एक अत्यधिक पूजनीय वैदिक स्तोत्र है, आध्यात्मिक ज्ञान और प्रबोधन के लिए एक प्रार्थना है। सावित्री, इस मंत्र का मूर्त रूप होने के नाते, ज्ञान और आध्यात्मिक प्रबोधन की उच्चतम आकांक्षाओं का प्रतिनिधित्व करती हैं। इस मंत्र में उनका आह्वान ज्ञान प्राप्ति की दिशा में सरस्वती की केंद्रीय भूमिका को उजागर करता है।

दक्षिण भारत में, सरस्वती को शारदा के रूप में पूजा जाता है, विशेष रूप से श्रृंगेरी के मंदिर नगर में, जहां शारदा पीठम स्थित है। यह पीठम अद्वैत वेदांत के चार मठों में से एक है, जिसकी स्थापना दार्शनिक आदि शंकराचार्य ने की थी। शारदा पीठम शिक्षा और विद्वता का एक केंद्र है, जो क्षेत्र के बौद्धिक और आध्यात्मिक जीवन में सरस्वती की स्थायी उपस्थिति को दर्शाता है। भक्त अपने शैक्षणिक और आध्यात्मिक प्रयासों में सफलता के लिए उनके आशीर्वाद की प्रार्थना करते हैं, देवी को ज्ञान प्राप्ति की यात्रा में प्रकाशस्तंभ के रूप में स्वीकार करते हैं।

समकालीन समय में, सरस्वती की प्रासंगिकता विशेष रूप से शिक्षा और ज्ञान की खोज के संदर्भ में महत्वपूर्ण है। एक ऐसे युग में, जो तीव्र तकनीकी प्रगति और जानकारी की अधिकता से चिह्नित है, विवेक और बुद्धिमत्ता की आवश्यकता पहले से कहीं अधिक महत्वपूर्ण है। सरस्वती की शिक्षाएं हमें याद दिलाती हैं कि सच्चा ज्ञान केवल जानकारी के संचय के बारे में नहीं है, बल्कि इसमें बुद्धिमत्ता, नैतिक आचरण और आध्यात्मिक समझ का विकास शामिल है। उनकी उपस्थिति सीखने के प्रति एक संतुलित दृष्टिकोण को प्रोत्साहित करती है, जो बौद्धिक परिश्रम को नैतिक और आध्यात्मिक विकास के साथ एकीकृत करती है।

सरस्वती का आह्वान शिक्षा की परिवर्तनकारी शक्ति की भी याद दिलाता है। शिक्षा को व्यक्तियों को सशक्त बनाने, समुदायों को ऊपर उठाने और सामाजिक और सांस्कृतिक विकास को बढ़ावा देने का एक साधन माना जाता है। सरस्वती के आशीर्वाद शिक्षकों, छात्रों, और नीति निर्माताओं द्वारा मांगे जाते हैं, जो सीखने और प्रबोधन की प्रक्रिया में देवी की भूमिका को पहचानते हैं। उनकी शिक्षाएं आजीवन सीखने, बौद्धिक जिज्ञासा और सभी प्रयासों में उत्कृष्टता की खोज के लिए प्रेरणा देती हैं।

सरस्वती, ज्ञान और विद्या की देवी, बौद्धिक और आध्यात्मिक प्रबोधन के आदर्शों को मूर्त रूप देती हैं। हिंदू पौराणिक कथाओं, धार्मिक प्रथाओं और सांस्कृतिक अभिव्यक्तियों में उनकी उपस्थिति उनके स्थायी महत्व और सार्वभौमिक अपील को रेखांकित करती है। कला, विज्ञान और वाणी की संरक्षिका के रूप में, वह अपने भक्तों को विश्व की समग्र समझ की ओर मार्गदर्शित करती हैं, जो दिव्य के साथ एक गहरा संबंध बनाती है। सरस्वती की शिक्षाएं ज्ञान, रचनात्मकता, और विवेक के महत्व पर जोर देती हैं, व्यक्तियों को ज्ञान, करुणा और आध्यात्मिक संतोष के जीवन का पालन करने के लिए प्रेरित करती हैं। उनके आशीर्वाद के माध्यम से, सरस्वती आत्म-साक्षात्कार का मार्ग प्रशस्त करती हैं, हमें मोक्ष और दिव्य के साथ एकता के अंतिम लक्ष्य की ओर ले जाती हैं।

"तुलसी, पवित्र पौधा, पवित्रता और भक्ति का प्रतीक है। घरों और मंदिरों में उनकी उपस्थिति रोजमर्रा के जीवन में दिव्यता को पोषित करने के महत्व का संकेत देती है। उनके माध्यम से, हम समग्र स्वास्थ्य और पर्यावरणीय सामंजस्य के मूल्य को सीखते हैं।"

❧

5

काली: प्रचंड रक्षक और विनाशक

काली, प्रचंड रक्षक और विनाशक, हिंदू पौराणिक कथाओं की सबसे जटिल और शक्तिशाली देवियों में से एक हैं। उनकी छवि अद्वितीय और प्रभावशाली है—गहरे रंग की काया, बिखरे हुए बाल, और खोपड़ियों की माला के साथ। वह स्त्रीत्व के विरोधाभासी स्वभाव का प्रतीक हैं, जिसमें विनाश और संरक्षण, मृत्यु और पुनर्जन्म के पहलुओं का संयोजन है। काली की भूमिका केवल प्रतीकात्मक नहीं है; वह ब्रह्मांड की कच्ची, मौलिक ऊर्जा का प्रतिनिधित्व करती हैं, जो भ्रम और अहंकार को नष्ट करती है और आध्यात्मिक मुक्ति का मार्ग प्रशस्त करती है।

काली की उत्पत्ति प्राचीन हिंदू ग्रंथों में है, जहां वह देवी पार्वती, शिव की संगिनी, के एक शक्तिशाली रूप के रूप में उभरती हैं। एक प्रसिद्ध कथा के अनुसार, काली दुर्गा के माथे से तब उत्पन्न हुईं, जब वह रक्तबीज राक्षस के खिलाफ एक प्रचंड युद्ध लड़ रही थीं। रक्तबीज को यह वरदान प्राप्त था कि उसकी रक्त की हर बूंद से एक नया राक्षस उत्पन्न होगा। दुर्गा जब उसे हराने में असमर्थ रहीं, तो वह क्रोधित हुईं, और उनके माथे से काली प्रकट हुईं। काली ने राक्षसों का संहार करते हुए रक्तबीज का सारा रक्त पी लिया, ताकि उसकी रक्त की बूंदें भूमि पर गिरकर नए राक्षस न उत्पन्न कर सकें। इस कथा से काली की भूमिका एक प्रचंड रक्षक के रूप में उजागर होती है, जो बुराई का नाश कर ब्रह्मांडीय व्यवस्था को बनाए रखती हैं।

काली की प्रतिमा उनके बहुआयामी स्वभाव को दर्शाने वाले प्रतीकों से भरी हुई है। उन्हें अक्सर चार भुजाओं के साथ चित्रित किया जाता है—एक तलवार, एक कटा हुआ सिर, रक्त को पकड़ने वाला पात्र और अभय मुद्रा में हाथ। तलवार दिव्य ज्ञान का प्रतीक है, कटा हुआ सिर अहंकार के विनाश का संकेत देता है, रक्त का पात्र अज्ञानता के अंत का प्रतीक है, और अभय मुद्रा उनके भक्तों को भयमुक्त होने का आश्वासन देती है। उनकी जीभ बाहर निकली हुई दिखाई जाती है, जिसे कुछ व्याख्याओं में उनकी रक्तपिपासा का प्रतीक माना जाता है, जबकि अन्य इसे न्याय और सत्य की उनकी असीम प्यास के रूप में देखते हैं। उनका नग्न स्वरूप माया और दिखावे से उनकी पूर्ण स्वतंत्रता को दर्शाता है, जो अस्तित्व के मौलिक और शाश्वत सत्य से उनके संबंध को प्रकट करता है।

काली की गहरी और प्रचंड उपस्थिति डरावनी हो सकती है, लेकिन यह समझना महत्वपूर्ण है कि उनका प्रचंड रूप उनके बुराई के विनाशक के रूप में भूमिका को दर्शाता है। वह समय और मृत्यु की परिवर्तनकारी शक्ति को मूर्त रूप देती हैं, जो जीवन के नवीनीकरण और निरंतरता के लिए आवश्यक हैं। हिंदू दर्शन में विनाश को नकारात्मक रूप में नहीं देखा जाता, बल्कि यह ब्रह्मांड के चक्रीय स्वरूप का एक अनिवार्य पहलू है, जहां सृजन, संरक्षण, और विनाश परस्पर निर्भर प्रक्रियाएं हैं। काली की विनाशकारी शक्ति ब्रह्मांडीय संतुलन का एक अभिन्न हिस्सा है, जो पुराने और अप्रचलित रूपों को हटाकर नई वृद्धि और परिवर्तन के लिए जगह बनाती है।

काली की पूजा का एक गहन पहलू भय का सामना करने और उसे पार करने की अवधारणा है। काली के भक्तों को अपने सबसे गहरे भय और आसक्तियों का सामना करने के लिए प्रोत्साहित किया जाता है, यह समझते हुए कि सच्ची मुक्ति इन सीमाओं को पार करने से आती है। काली का प्रचंड रूप यह याद दिलाता है कि आध्यात्मिक विकास अक्सर स्वयं और दुनिया के बारे में असुविधाजनक और चुनौतीपूर्ण सच्चाइयों का सामना करने में शामिल होता है। काली की परिवर्तनकारी ऊर्जा को अपनाकर, भक्त भ्रम और आसक्तियों से मुक्त हो सकते हैं, जिससे उन्हें आध्यात्मिक स्वतंत्रता और आत्मज्ञान का गहन अनुभव होता है।

काली का समय (काल) के साथ जुड़ाव उनके विनाशकारी भूमिका को और अधिक स्पष्ट करता है। समय एक अपरिहार्य शक्ति है जो सभी चीजों को खा जाती

है, और काली, उसके व्यक्तित्व के रूप में, क्षय और विनाश की अनिवार्यता का प्रतिनिधित्व करती हैं, जो नवीनीकरण से पहले होता है। यह पहलू विशेष रूप से आध्यात्मिक अभ्यास के संदर्भ में महत्वपूर्ण है, जहां समय के बीतने की जागरूकता व्यक्ति की मुक्ति की खोज में तत्परता और समर्पण को प्रेरित कर सकती है। सभी चीजों की क्षणिकता को पहचानकर, भक्त शाश्वत सत्यों और आध्यात्मिक लक्ष्यों की खोज पर ध्यान केंद्रित करने के लिए प्रेरित होते हैं, बजाय इसके कि वे भौतिक अस्तित्व के क्षणभंगुर और क्षणिक पहलुओं से विचलित हों।

काली की पूजा विशेष रूप से बंगाल में प्रमुख है, जहां उन्हें मां देवी और क्षेत्र की रक्षक के रूप में पूजा जाता है। कार्तिक मास की अमावस्या की रात को मनाया जाने वाला काली पूजा का त्योहार बंगाल के सबसे महत्वपूर्ण धार्मिक आयोजनों में से एक है। इस त्योहार के दौरान, भक्त जटिल अनुष्ठान करते हैं, बलिदान चढ़ाते हैं, और काली के आशीर्वाद को प्राप्त करने के लिए स्तोत्र और मंत्रों का पाठ करते हैं। यह त्योहार संरक्षण, बुराई के विनाश, और आध्यात्मिक नवीनीकरण की थीम को उजागर करता है, जिसमें भक्त काली की मदद से बाधाओं को पार करने और व्यक्तिगत और आध्यात्मिक लक्ष्यों को प्राप्त करने की प्रार्थना करते हैं।

तांत्रिक परंपरा में, काली का एक विशेष स्थान है, जहां उन्हें एक केंद्रीय देवी के रूप में पूजा जाता है। तंत्र, जो अनुष्ठानों, ध्यान और आध्यात्मिक ऊर्जा के उपयोग के माध्यम से ईश्वर के प्रत्यक्ष अनुभव पर जोर देता है, काली को ब्रह्मांड के गतिशील स्त्री सिद्धांत, शक्ति, के मूर्त रूप के रूप में देखता है। तांत्रिक प्रथाओं में अक्सर काली की ऊर्जा का आह्वान शामिल होता है, ताकि कुंडलिनी, रीढ़ की हड्डी के आधार पर स्थित आध्यात्मिक ऊर्जा, को जागृत किया जा सके। कुंडलिनी को जागृत कर और इसे चक्रों के माध्यम से चैनल करके, साधक आध्यात्मिक प्रबोधन और ईश्वर के साथ एकता प्राप्त करने का प्रयास करते हैं। शक्ति के उन्मुक्त और प्रचंड रूप के रूप में, काली इस परिवर्तनकारी प्रक्रिया में एक महत्वपूर्ण भूमिका निभाती हैं, साधकों को उनकी सीमाओं को पार करने और उच्च चेतना की स्थिति प्राप्त करने में मदद करती हैं।

काली की पूजा केवल भारत तक ही सीमित नहीं है; उन्होंने अन्य संस्कृतियों और धार्मिक परंपराओं में भी एक महत्वपूर्ण स्थान पाया है। पश्चिमी दुनिया में, काली को विभिन्न आध्यात्मिक आंदोलनों और उन व्यक्तियों द्वारा अपनाया गया है

जो स्त्री ऊर्जा और विनाश की परिवर्तनकारी शक्ति को गहराई से समझने की तलाश में हैं। उनकी छवि और प्रतीकवाद को आधुनिक आध्यात्मिक साधकों, कलाकारों, और लेखकों ने अपनाया है, जो उनमें स्त्री सशक्तिकरण, मुक्ति, और आत्मा के छाया पहलुओं को अपनाने का एक शक्तिशाली प्रतिनिधित्व पाते हैं। काली की सार्वभौमिक अपील उनके अस्तित्व की जटिलताओं को मूर्त रूप देने की उनकी क्षमता में निहित है, जो एक ऐसा परिवर्तनकारी मार्ग प्रदान करती है जिसमें स्वयं के सभी पहलुओं, जिनमें भयभीत या दबाए गए भाग शामिल हैं, का सामना और एकीकरण करना शामिल है।

काली की रक्षक के रूप में भूमिका उनके भक्तों के साथ उनके संबंधों में भी दिखाई देती है। उन्हें अक्सर एक प्रचंड लेकिन करुणामयी मां के रूप में वर्णित किया जाता है, जो अपने बच्चों को हानि से बचाने के लिए प्रबल रूप से उनकी रक्षा करती हैं। काली के इस मातृ पक्ष को "काली मां" की अवधारणा में उजागर किया गया है, जहां उन्हें केवल एक प्रचंड देवी के रूप में नहीं, बल्कि एक पोषण और स्नेहपूर्ण मां के रूप में पूजा जाता है। संकट के समय, भक्त उनकी सुरक्षा की प्रार्थना करते हैं, यह विश्वास करते हुए कि उनकी शक्तिशाली उपस्थिति नकारात्मक ऊर्जाओं को दूर कर सकती है और साहस और शक्ति प्रदान कर सकती है। दिव्य मातृत्व की अवधारणा काली की पूजा का एक केंद्रीय पहलू है, यह विचार प्रस्तुत करते हुए कि सच्ची शक्ति और सुरक्षा गहन प्रेम और करुणा से उत्पन्न होती है।

काली से संबंधित दार्शनिक शिक्षाएं जीवन की चुनौतियों के सामने आत्मसमर्पण और स्वीकृति के महत्व को भी रेखांकित करती हैं। काली की परिवर्तनकारी शक्ति के सामने आत्मसमर्पण करके, भक्त अपनी आसक्तियों और भय को छोड़ना सीखते हैं और विनाश और नवीनीकरण की दिव्य प्रक्रिया पर भरोसा करते हैं। यह आत्मसमर्पण एक निष्क्रिय कृत्य नहीं है, बल्कि अस्तित्व की गहरी धाराओं के साथ सक्रिय रूप से जुड़ना है, जहां व्यक्ति परिवर्तनों के साथ प्रवाहित होना और प्रत्येक अनुभव द्वारा लाई गई सीख को अपनाना सीखता है। काली की शिक्षाएं जीवन के सभी रूपों की कट्टर स्वीकृति को प्रोत्साहित करती हैं, यह पहचानते हुए कि सबसे कठिन और दर्दनाक अनुभव भी विकास और परिवर्तन के अवसर हैं।

काली का प्रभाव विभिन्न कलात्मक और सांस्कृतिक अभिव्यक्तियों में देखा जा सकता है, पारंपरिक मंदिर कला और मूर्तियों से लेकर समकालीन साहित्य,

संगीत, और फिल्मों तक। उनकी छवि प्रतिरोध, परिवर्तन, और छाया को अपनाने का एक शक्तिशाली प्रतीक है, जो उन लोगों के साथ प्रतिध्वनित होती है जो यथास्थिति को चुनौती देना और मानव मनोविज्ञान की गहराई की खोज करना चाहते हैं। साहित्य में, काली को एक प्रचंड योद्धा और एक करुणामयी मां दोनों के रूप में चित्रित किया गया है, जो उनके जटिल और बहुआयामी स्वभाव को दर्शाता है। उनकी कहानियां और मिथक नई व्याख्याओं और अनुकूलनों को प्रेरित करते हैं, जो उनके स्थायी महत्व और अपील को उजागर करते हैं।

समकालीन समय में, काली के प्रतीकवाद को विभिन्न सामाजिक और राजनीतिक आंदोलनों द्वारा अपनाया गया है, विशेष रूप से महिलाओं के अधिकारों और सशक्तिकरण की वकालत करने वाले। उनकी प्रचंड और अडिग ऊर्जा उत्पीड़नकारी संरचनाओं को चुनौती देने और अपनी शक्ति को पुनः प्राप्त करने का प्रयास कर रहे व्यक्तियों और समूहों के लिए प्रेरणा के रूप में कार्य करती है। काली की योद्धा देवी के रूप में छवि उन लोगों के साथ प्रतिध्वनित होती है जो न्याय और समानता के लिए लड़ रहे हैं, शक्ति, सहनशीलता, और धर्मोचित क्रोध की परिवर्तनकारी शक्ति का एक शक्तिशाली उदाहरण प्रदान करती हैं।

काली की शिक्षाएं व्यक्तिगत और आध्यात्मिक विकास के लिए गहरे निहितार्थ रखती हैं। काली की ऊर्जा को अपनाकर, व्यक्ति अपने भय का सामना करना, अपनी छाया के पहलुओं को आत्मसात करना, और आत्म-जागरूकता और सशक्तिकरण की गहरी भावना प्राप्त करना सीख सकते हैं। उनकी पूजा आध्यात्मिकता के प्रति एक समग्र दृष्टिकोण को प्रोत्साहित करती है, जो सृजन और विनाश, प्रकाश और अंधकार दोनों के महत्व को स्वीकार करती है। काली की उपस्थिति यह याद दिलाती है कि सच्चे परिवर्तन में अस्तित्व के सभी पहलुओं को अपनाना शामिल है, जो सुंदर और भयानक दोनों में दिव्यता को पहचानना है।

काली, प्रचंड रक्षक और विनाशक, ब्रह्मांड की कच्ची, मौलिक ऊर्जा और दिव्य स्त्रीत्व की परिवर्तनकारी शक्ति को मूर्त रूप देती हैं। हिंदू पौराणिक कथाओं, धार्मिक प्रथाओं और सांस्कृतिक अभिव्यक्तियों में उनकी भूमिका विनाश और संरक्षण, मृत्यु और पुनर्जन्म के लिए एक शक्तिशाली शक्ति के रूप में उनके महत्व को रेखांकित करती है। उनकी शिक्षाओं के माध्यम से, काली भक्तों को अपने भय का सामना करने, अपने छाया पक्ष को अपनाने, और आध्यात्मिक

मुक्ति प्राप्त करने के लिए प्रेरित करती हैं। उनका प्रभाव भारत से परे है, व्यक्तियों और आंदोलनों के साथ प्रतिध्वनित होता है, जो उत्पीड़नकारी संरचनाओं को चुनौती देना, अपनी शक्ति को पुनः प्राप्त करना, और मानव मनोविज्ञान की गहराई का पता लगाना चाहते हैं। काली का स्थायी महत्व और सार्वभौमिक अपील उनके अस्तित्व की जटिलताओं को मूर्त रूप देने की उनकी क्षमता में निहित है, जो एक ऐसा परिवर्तनकारी मार्ग प्रदान करती है, जिसमें स्वयं के सभी पहलुओं की कट्टर स्वीकृति और एकीकरण शामिल है।

"गायत्री, वैदिक स्तोत्र का मूर्त रूप, ज्ञान और प्रबोधन की खोज का प्रतिनिधित्व करती है। उनकी शिक्षाएं ध्यान और भक्ति की परिवर्तनकारी शक्ति पर जोर देती हैं। वह हमें बौद्धिक और आध्यात्मिक विकास की ओर मार्गदर्शन करती हैं।"

༄

6

पार्वती: सौम्य माता और पोषक

पार्वती, सौम्य माता और पोषक, हिंदू पौराणिक कथाओं में प्रेम, भक्ति और करुणा का प्रतीक हैं। वह भगवान शिव की संगिनी हैं, जो हिंदू त्रिमूर्ति में विनाशक के रूप में पूजनीय हैं, और गणेश तथा कार्तिकेय की माता हैं। पार्वती स्त्रीत्व के आदर्श गुणों को मूर्त रूप देती हैं, जिसमें शक्ति और सौम्यता, भक्ति और स्वतंत्रता, और करुणा और बुद्धिमत्ता का अद्वितीय संयोजन है। हिंदू संस्कृति और धर्म में उनकी उपस्थिति यह रेखांकित करती है कि स्त्रीत्व ब्रह्मांड में पोषण और संवर्धन का एक महत्वपूर्ण स्रोत है।

पार्वती की उत्पत्ति हिंदू पौराणिक कथाओं में गहराई से निहित है। माना जाता है कि वह सती का अवतार हैं, जो शिव की पहली पत्नी थीं और जिन्होंने अपने पिता द्वारा अपने पति का अपमान किए जाने के विरोध में आत्मदाह कर लिया था। सती की मृत्यु के बाद, शिव गहन ध्यान में चले गए, और ब्रह्मांड का संतुलन बिगड़ गया। देवताओं ने इस असंतुलन को ठीक करने के लिए आदिशक्ति का आह्वान किया, जिन्होंने पार्वती के रूप में अवतार लिया। पार्वती हिमालय के राजा हिमवान और रानी मेना की पुत्री थीं। उनका नाम "पार्वती" उनके पर्वतों से संबंध को दर्शाता है, जो प्रकृति और पृथ्वी से उनके जुड़ाव को प्रकट करता है।

पार्वती का जीवन प्रेम और तपस्या की कहानी है। एक शाही परिवार में जन्म लेने के बावजूद, वह बचपन से ही तपस्वी शिव की ओर आकर्षित थीं। उनके प्रति उनका

प्रेम अटूट था, और उन्होंने शिव का हृदय जीतने के लिए कठोर तप और तपस्या की। उनकी भक्ति और समर्पण ने अंततः शिव को प्रभावित किया, और उन्होंने उन्हें अपनी संगिनी के रूप में स्वीकार किया। उनका मिलन स्त्री और पुरुष ऊर्जा, तपस्या और गृहस्थ जीवन, और विरोधाभासों के सामंजस्यपूर्ण सह-अस्तित्व का प्रतीक है।

पार्वती की मातृत्व भूमिका उनकी पहचान का केंद्रीय पहलू है। वह गणेश, जो ज्ञान और बाधाओं को दूर करने वाले देवता हैं, और कार्तिकेय, जो युद्ध के देवता हैं, की माता हैं। एक माता के रूप में, पार्वती पोषण, सुरक्षा और निःस्वार्थ प्रेम की प्रतीक हैं। उनके बच्चों के साथ उनकी बातचीत की कहानियां उनकी धैर्यशीलता, समझदारी, और कोमल मार्गदर्शन को उजागर करती हैं। सबसे प्रसिद्ध कहानियों में से एक गणेश की उत्पत्ति की है। किंवदंती के अनुसार, पार्वती ने अपने स्नान के लिए इस्तेमाल किए गए चंदन के लेप से गणेश को बनाया और उसमें प्राण फूंक दिए। उन्होंने उन्हें अपना रक्षक नियुक्त किया और स्नान के दौरान किसी को भी अंदर न आने देने का आदेश दिया। जब शिव ने प्रवेश करना चाहा और गणेश ने उन्हें रोक दिया, तो एक युद्ध हुआ, जिसमें गणेश का सिर काट दिया गया। पार्वती के शोक से व्यथित होकर, शिव ने गणेश के सिर को एक हाथी के सिर से बदल दिया, जिससे उन्हें नया जीवन मिला और हिंदू देवताओं में एक प्रिय स्थान प्राप्त हुआ।

पार्वती का पोषण स्वभाव उनके परिवार तक ही सीमित नहीं है। उन्हें सभी जीवित प्राणियों की माता के रूप में देखा जाता है, जो अपने सभी बच्चों को प्रेम, देखभाल और सुरक्षा प्रदान करती हैं। पार्वती के इस पहलू को अन्नपूर्णा के रूप में विशेष रूप से उजागर किया गया है, जो पोषण की देवी हैं। "अन्नपूर्णा" का अर्थ है "अन्न प्रदान करने वाली," और वह दुनिया को भोजन और पोषण प्रदान करने का प्रतीक हैं। उन्हें अक्सर एक करछी और भोजन से भरे कटोरे के साथ चित्रित किया जाता है, जो यह सुनिश्चित करने के उनके प्रयास को दर्शाता है कि कोई भी भूखा न रहे। भक्त उनसे समृद्धि और प्रचुरता के आशीर्वाद की प्रार्थना करते हैं, और उनकी पूजा दूसरों की देखभाल और साझा करने के महत्व को रेखांकित करती है।

पार्वती के कोमल और पोषण करने वाले गुण उनकी शक्ति और स्वतंत्रता के साथ पूरक हैं। वह केवल एक समर्पित पत्नी और माता नहीं हैं, बल्कि अपने आप में एक

शक्तिशाली देवी भी हैं। दुर्गा के रूप में, पार्वती एक योद्धा देवी का रूप लेती हैं, जो शक्ति और संरक्षण का प्रतीक है। धर्म की रक्षा करने वाली और बुराई का विनाश करने वाली दुर्गा की भूमिका पार्वती के बहुआयामी स्वभाव को उजागर करती है। वह कोमल और प्रचंड दोनों हैं, असीम करुणा और अडिग संकल्प रखने वाली। यह द्वैत स्त्रीत्व के जटिल और गहन स्वरूप को दर्शाता है, जो स्त्रीत्व को केवल निष्क्रियता या कमजोरी के रूप में देखने की सरल धारणाओं को चुनौती देता है।

पार्वती का प्रभाव जीवन और संस्कृति के विभिन्न पहलुओं तक फैला हुआ है। वह वैवाहिक सुख और घरेलू सामंजस्य का प्रतीक मानी जाती हैं। विवाहित महिलाएं एक सुखी और समृद्ध वैवाहिक जीवन के लिए उनका आशीर्वाद मांगती हैं, जबकि अविवाहित महिलाएं अपने लिए एक योग्य साथी के लिए उनकी प्रार्थना करती हैं। उत्तर भारत में मनाया जाने वाला तीज का त्योहार पार्वती और शिव के मिलन को समर्पित है। इस त्योहार के दौरान, महिलाएं उपवास रखती हैं और पार्वती का सम्मान करने के लिए अनुष्ठान करती हैं, जिससे वैवाहिक खुशी और दीर्घायु के लिए उनका आशीर्वाद प्राप्त हो। तीज का उत्सव पार्वती के भक्ति, प्रेम और वैवाहिक सामंजस्य के आदर्श के रूप में सांस्कृतिक महत्व को उजागर करता है।

पार्वती प्रेम और सुंदरता की देवी के रूप में कला और रचनात्मकता के विभिन्न रूपों से भी जुड़ी हैं। वह विभिन्न कलात्मक अभिव्यक्तियों को प्रेरित करती हैं। उनका प्रभाव शास्त्रीय भारतीय नृत्य, संगीत, और साहित्य में देखा जा सकता है, जहां प्रेम, भक्ति, और स्त्रीत्व की सुंदरता के विषय प्रमुखता से प्रस्तुत किए जाते हैं। पार्वती की कहानी और गुणों का जश्न मंदिरों की जटिल मूर्तियों से लेकर भक्तिपूर्ण गीतों और कविताओं तक, विभिन्न कलात्मक कृतियों में मनाया गया है। सांस्कृतिक कल्पना में उनकी उपस्थिति उनके स्थायी महत्व और रचनात्मक अभिव्यक्ति और दिव्य स्त्रीत्व के बीच गहरे संबंध को दर्शाती है।

पार्वती से जुड़े दार्शनिक शिक्षाएं संतुलन और एकीकरण के महत्व पर जोर देती हैं। शिव के साथ उनका मिलन विरोधाभासों के सामंजस्यपूर्ण मिश्रण का प्रतीक है: तपस्या और गृहस्थ जीवन, स्त्री और पुरुष, विनाश और सृजन। यह संतुलन केवल एक दार्शनिक अवधारणा नहीं है, बल्कि एक संतुलित और सामंजस्यपूर्ण जीवन जीने के लिए व्यावहारिक मार्गदर्शन भी प्रदान करता है। पार्वती की शिक्षाएं व्यक्तियों को अपने कोमल और मजबूत दोनों पक्षों को अपनाने, अपने संबंधों में

संतुलन खोजने, और जीवन की चुनौतियों का संतुलित दृष्टिकोण से सामना करने के लिए प्रोत्साहित करती हैं।

पार्वती की पोषणकर्ता और रक्षक की भूमिका प्राकृतिक दुनिया तक भी फैली हुई है। पर्वतों की पुत्री के रूप में, वह प्रकृति और पर्यावरण से घनिष्ठ रूप से जुड़ी हुई हैं। कई कहानियों में, उन्हें प्राकृतिक दुनिया के साथ सामंजस्य में रहते हुए, जानवरों और पौधों से घिरे हुए चित्रित किया गया है। यह प्रकृति से उनका जुड़ाव पर्यावरण संरक्षण और पृथ्वी को संरक्षित रखने की आवश्यकता को रेखांकित करता है। पार्वती का उदाहरण प्राकृतिक दुनिया के साथ एक सम्मानजनक और पोषणकारी संबंध को प्रोत्साहित करता है, जो सभी जीवन के परस्पर जुड़े होने के महत्व को उजागर करता है।

समकालीन समय में, पार्वती का प्रतीकवाद और शिक्षाएं दुनिया भर के लोगों को प्रेरित और प्रतिध्वनित करती हैं। उनके प्रेम, भक्ति, और पोषण के गुण सार्वभौमिक मूल्य हैं, जो सांस्कृतिक और धार्मिक सीमाओं को पार करते हैं। पार्वती की कहानी करुणा, दृढ़ता, और संतुलन के महत्व की याद दिलाती है। उनका प्रभाव विभिन्न सामाजिक और सांस्कृतिक आंदोलनों में देखा जा सकता है, जो महिलाओं को सशक्त बनाने, पर्यावरणीय स्थिरता को बढ़ावा देने, और समुदाय और देखभाल की भावना को बढ़ाने का प्रयास करते हैं।

पार्वती की पूजा हिंदू धर्म में स्त्री दिव्यता के महत्व को भी उजागर करती है। जहां पुरुष देवताओं को अक्सर अधिक ध्यान मिलता है, वहीं देवियां हिंदू धर्म के आध्यात्मिक और सांस्कृतिक जीवन में एक महत्वपूर्ण भूमिका निभाती हैं। पार्वती, लक्ष्मी, सरस्वती और काली जैसी अन्य देवियों के साथ, दिव्य स्त्रीत्व के विविध और गतिशील स्वभाव को मूर्त रूप देती हैं। उनकी पूजा यह मान्यता दर्शाती है कि ब्रह्मांड में सृजन, पोषण और परिवर्तन को मूर्त रूप देने में स्त्री ऊर्जा की महत्वपूर्ण भूमिका है।

पार्वती से जुड़ी कहानियां और मिथक हिंदू संस्कृति के मूल्यों और विश्वासों में गहन अंतर्दृष्टि प्रदान करते हैं। वे भक्ति, प्रेम, और दूसरों की सेवा के महत्व पर जोर देते हैं। परिवार और देवताओं के साथ पार्वती की बातचीत जीवन के सभी पहलुओं में संबंधों और सामंजस्य के महत्व को उजागर करती है। उनका उदाहरण

व्यक्तियों को धैर्य, करुणा, और लचीलेपन जैसे गुणों को विकसित करने और अपनी भक्ति और विश्वास में ताकत खोजने के लिए प्रेरित करता है।

पार्वती की शिक्षाएं व्यक्तिगत और आध्यात्मिक विकास के लिए गहरे निहितार्थ रखती हैं। शिव के प्रेम को जीतने में उनकी भक्ति और दृढ़ता की यात्रा आध्यात्मिक खोज के लिए एक शक्तिशाली रूपक के रूप में कार्य करती है। यह समर्पण, अनुशासन, और आंतरिक शक्ति के महत्व को उजागर करती है। माता और पोषणकर्ता के रूप में पार्वती की भूमिका दूसरों की देखभाल और सेवा में संतोष खोजने के महत्व को रेखांकित करती है। उनका उदाहरण व्यक्तियों को एक उच्च उद्देश्य की तलाश करने और अपने संबंधों और दुनिया में अपने योगदान में अर्थ और आनंद खोजने के लिए प्रोत्साहित करता है।

पार्वती, सौम्य माता और पोषक, हिंदू पौराणिक कथाओं में प्रेम, भक्ति, और करुणा के आदर्शों को मूर्त रूप देती हैं। हिंदू संस्कृति और धर्म में उनकी उपस्थिति यह रेखांकित करती है कि स्त्री दिव्यता ब्रह्मांड में पोषण और संवर्धन का एक महत्वपूर्ण स्रोत है। पार्वती की जीवन कहानी और गुण संतुलन, दृढ़ता, और करुणा के महत्व पर मूल्यवान पाठ प्रदान करते हैं। उनकी पूजा यह मान्यता दर्शाती है कि स्त्री ऊर्जा ब्रह्मांड में सृजन, पोषण, और परिवर्तन की आवश्यक भूमिका निभाती है। उनकी शिक्षाओं और उदाहरणों के माध्यम से, पार्वती व्यक्तियों को प्रेम, भक्ति, और लचीलेपन जैसे गुणों को विकसित करने और अपने जीवन में सामंजस्य और संतुलन की तलाश करने के लिए प्रेरित करती हैं। उनके स्थायी महत्व और सार्वभौमिक अपील उनके दिव्य स्त्रीत्व के विविध और गतिशील स्वभाव को मूर्त रूप देने की उनकी क्षमता में निहित हैं, जो व्यक्तिगत और आध्यात्मिक विकास का एक ऐसा मार्ग प्रदान करती हैं, जो शक्ति और कोमलता, भक्ति और स्वतंत्रता को समाहित करता है।

"भूमि, पृथ्वी की देवी, ग्रह की पोषण और संवर्धन शक्ति का प्रतीक हैं। उनकी पूजा हमारे गहरे पृथ्वी संबंध और पर्यावरणीय संरक्षण की आवश्यकता पर जोर देती है। वह हमें सभी जीवन के परस्पर संबंध की याद दिलाती हैं।"

෨

7

सीता: सद्गुण और भक्ति की मूर्ति

सीता, सद्गुण और भक्ति की मूर्ति, हिंदू पौराणिक कथाओं की सबसे पूजनीय पात्रों में से एक हैं। उनके जीवन की कहानी, जो महाकाव्य रामायण में वर्णित है, अडिग विश्वास, सहनशीलता और नैतिकता का एक कालातीत उदाहरण है। भगवान राम की पत्नी के रूप में, सीता धर्म और भक्ति के आदर्शों का प्रतिनिधित्व करती हैं, जो स्त्रीत्व का एक आदर्श रूप प्रस्तुत करती हैं। उनका जीवन, जो अनेक परीक्षाओं और कठिनाइयों से भरा हुआ था, धैर्य, पवित्रता, और धर्म के प्रति अडिग निष्ठा के गुणों को दर्शाता है, जो ब्रह्मांड को बनाए रखने वाले नैतिक सिद्धांत हैं।

सीता की उत्पत्ति दिव्य रहस्यों से घिरी हुई है। रामायण के अनुसार, उन्हें शिशु रूप में राजा जनक ने एक हल की नोक से खेत जोतते समय पाया था। उस समय वह वर्षा के लिए अनुष्ठान कर रहे थे। राजा जनक ने उन्हें ईश्वर का उपहार मानकर अपनी पुत्री के रूप में स्वीकार किया। सीता का पृथ्वी से उत्पन्न होना उन्हें भूमि देवी, पृथ्वी की देवी, के साथ जोड़ता है, जो उनके प्रकृति और पवित्रता के अंतर्निहित संबंध को दर्शाता है। मिथिला के शाही परिवार में पली-बढ़ी सीता ने अपने दिव्य वंश को प्रदर्शित करते हुए गुण और बुद्धिमत्ता को आत्मसात किया।

सीता का विवाह राम के साथ रामायण की केंद्रीय घटनाओं में से एक है, जो धर्म और भक्ति के मिलन का प्रतीक है। उनके स्वयंवर की कहानी, जिसमें उन्होंने अपने पति को चुना, उनकी शक्ति और सद्गुण का प्रमाण है। राजा जनक ने

घोषणा की थी कि सीता का विवाह उसी राजकुमार से होगा जो भगवान शिव के महान धनुष को भंग कर सके। कई राजकुमारों ने प्रयास किया और असफल रहे, लेकिन अयोध्या के राजकुमार राम ने इसे सहजता से उठाकर सीता का हाथ जीत लिया। यह घटना सीता और राम को बांधने वाली दिव्य नियति को उजागर करती है, जो ब्रह्मांडीय शक्तियों द्वारा निर्धारित एक मिलन था।

अयोध्या में राम के साथ सीता का जीवन परस्पर प्रेम, सम्मान और भक्ति से भरा हुआ था। उन्होंने राजकुमार के रूप में राम के कर्तव्यों का समर्थन किया और उनके सुख-दुख में सहभागी बनीं। हालांकि, उनका यह सुखद जीवन लंबे समय तक नहीं रहा, क्योंकि राजमहल की साजिशों के कारण राम को चौदह वर्षों के लिए वनवास जाना पड़ा। सीता ने निष्ठा और भक्ति के सिद्धांतों को अपनाते हुए वनवास के कठोर जीवन को अपनाने का निश्चय किया और राम के साथ चलने का आग्रह किया। महल के आराम को छोड़कर वन के कठोर जीवन को अपनाने का उनका निर्णय उनके पति के प्रति अडिग समर्पण और धर्म के प्रति उनकी निष्ठा को दर्शाता है।

वनवास के दौरान का समय सीता के लिए कठिन परीक्षाओं से भरा हुआ था, लेकिन यह उनके गुणों को उजागर करने वाला भी था। उन्होंने वन के सादगीपूर्ण जीवन को सहजता और सहनशीलता के साथ अपनाया और प्रकृति के छोटे-छोटे सुखों में आनंद पाया। राम के प्रति उनकी भक्ति अडिग बनी रही, और उनकी उपस्थिति राम के लिए शक्ति और सांत्वना का स्रोत बनी। वनवास के दौरान सीता ने अपनी करुणा और दया को भी उजागर किया, क्योंकि उन्होंने वनवासियों से मित्रता की और उनकी सहायता की, जो निःस्वार्थ सेवा के आदर्श को मूर्त रूप देता है।

सीता के जीवन की सबसे निर्णायक घटनाओं में से एक उनका रावण द्वारा अपहरण है। रावण, जो सीता की सुंदरता से मोहित हो गया था, ने राम और लक्ष्मण की अनुपस्थिति में उनका अपहरण कर लिया। लंका में सीता की परीक्षा उनकी अडिग सद्गुण और चरित्र की शक्ति का प्रमाण है। कैद में रहते हुए और रावण के प्रस्तावों के बावजूद, उन्होंने राम के प्रति अपनी भक्ति बनाए रखी और रावण के प्रस्तावों को ठुकरा दिया। उनकी पवित्रता और विश्वास उनकी ढाल बन गए, जिन्होंने उन्हें रावण के प्रभाव से बचाए रखा और उनकी मर्यादा को संरक्षित रखा।

लंका में कैद के दौरान सीता ने अपनी आंतरिक शक्ति और आध्यात्मिक दृढ़ता का प्रदर्शन किया। अकेली और शत्रुओं से घिरी होने के बावजूद, उन्होंने राम के प्रति अपने अडिग विश्वास और धर्म के पालन में सांत्वना पाई। उनकी प्रार्थनाओं और ध्यान ने उन्हें बल प्रदान किया, जिससे वे अपनी परीक्षाओं को सहन कर सकीं। रावण के प्रलोभनों को अस्वीकार करना और अपने सिद्धांतों के प्रति अडिग रहना उनकी नैतिकता और आध्यात्मिक दृढ़ता को दर्शाता है, जिससे वह सद्गुण और भक्ति का प्रकाशस्तंभ बन गईं।

राम द्वारा हनुमान और वानर सेना की मदद से सीता का उद्धार रामायण का एक महत्वपूर्ण क्षण है। यह घटना केवल शारीरिक मुक्ति नहीं है, बल्कि धर्म पर अधर्म की, और अच्छाई पर बुराई की विजय है। राम के साथ सीता का पुनर्मिलन खुशी और राहत से भरा हुआ है, लेकिन साथ ही यह उनके पवित्रता की परीक्षा के कारण दुखद भी है। अपनी पवित्रता के प्रति किसी भी संदेह को दूर करने के लिए, सीता ने अग्नि परीक्षा के रूप में जाने जाने वाले अग्नि में प्रवेश करने का निर्णय लिया। अग्नि से अछूते बाहर आने के बाद, उन्होंने अपनी पवित्रता और निष्ठा का प्रदर्शन किया, जो उन्हें सद्गुण और भक्ति की मूर्ति के रूप में स्थापित करता है।

अयोध्या में सीता की वापसी ने उनके वनवास के अंत और राम के राजा के रूप में शासन की शुरुआत को चिह्नित किया। हालांकि, उनकी परीक्षाएं अभी समाप्त नहीं हुई थीं। अपनी पवित्रता साबित करने के बावजूद, अयोध्या के लोगों के बीच उनकी शुद्धता के बारे में अफवाहें फैलने लगीं। एक राजा के रूप में अपने कर्तव्यों को निभाने और जनता के असंतोष को शांत करने के लिए, राम ने सीता को फिर से वनवास भेजने का हृदयविदारक निर्णय लिया। इस बार, गर्भवती और अकेली सीता ने अपने भाग्य को गरिमा और साहस के साथ स्वीकार किया, अपने धर्म में अडिग विश्वास और आम भलाई के लिए अपने व्यक्तिगत सुखों का बलिदान करते हुए।

वनवास के दौरान, ऋषि वाल्मीकि के आश्रम में रहते हुए, सीता ने अपने जुड़वां पुत्रों, लव और कुश को जन्म दिया। उन्होंने अपने पुत्रों को प्रेम और देखभाल के साथ पाला, और उन्हें धर्म और भक्ति के मूल्य सिखाए। माता के रूप में सीता की

भूमिका उनके पोषण स्वभाव और अपने बच्चों को सद्गुण और ज्ञान प्रदान करने की उनकी क्षमता का प्रमाण है। वाल्मीकि द्वारा आयोजित राम और लव-कुश के पुनर्मिलन ने सीता की कहानी को पूर्णता प्रदान की, जो राम और उनके बीच के अटूट संबंध को उजागर करता है।

सीता के जीवन का अंतिम अध्याय मार्मिक और गहन है। जब राम ने उन्हें वापस अयोध्या लाने की इच्छा व्यक्त की, तो सीता, अपने जीवन की परीक्षाओं और आरोपों से थकी हुई, अपनी मां, पृथ्वी देवी, को अपने पास बुलाती हैं। पृथ्वी ने अपना द्वार खोला और सीता अपने दिव्य स्थान पर लौट गईं, जो उनकी पवित्रता और दिव्यता में वापसी का प्रतीक है। पृथ्वी में लौटने का यह कार्य सीता के सांसारिक कष्टों के पार जाने और दिव्य संघ प्राप्त करने का संकेत देता है। यह उनके जीवन और कार्यों को धर्म के प्रति अडिग निष्ठा से निर्देशित दिखाता है।

रामायण में वर्णित सीता की कहानी के गहरे दार्शनिक और आध्यात्मिक निहितार्थ हैं। वह धर्म के आदर्श को मूर्त रूप देती हैं, यह दिखाते हुए कि धर्म और नैतिकता का पालन कैसे सबसे कठिन परिस्थितियों में भी मार्गदर्शन कर सकता है। सीता की अडिग भक्ति और विश्वास सभी भक्तों के लिए एक आदर्श हैं, यह दिखाते हुए कि सच्ची शक्ति आंतरिक पवित्रता और अपने सिद्धांतों के प्रति दृढ़ता में निहित है। उनका जीवन धैर्य, सहनशीलता, और प्रेम और भक्ति की परिवर्तनकारी शक्ति के महत्व को सिखाता है।

सीता का सांस्कृतिक और धार्मिक महत्व रामायण से परे है। वह हिंदू परंपरा में एक देवी और आदर्श नारी के रूप में पूजनीय हैं। नेपाल के जनकपुर में स्थित जनकी मंदिर जैसे सीता को समर्पित मंदिर उन भक्तों को आकर्षित करते हैं जो शक्ति, सद्गुण और वैवाहिक सामंजस्य के लिए उनका आशीर्वाद चाहते हैं। उनके जीवन को मनाने वाले त्योहार, जैसे सीता नवमी, उनकी स्थायी विरासत और जिन मूल्यों का वह प्रतिनिधित्व करती हैं, उन्हें उजागर करते हैं। प्रार्थनाओं, अनुष्ठानों और कहानियों के माध्यम से, सीता के गुण पीढ़ियों में प्रेषित होते रहते हैं, जो भक्ति और धर्म के प्रतीक के रूप में उनकी भूमिका को मजबूत करते हैं।

सीता का प्रभाव साहित्य, कला और रंगमंच सहित विभिन्न सांस्कृतिक अभिव्यक्तियों तक फैला हुआ है। उनकी कहानी ने अनगिनत रूपांतरणों और

व्याख्याओं को प्रेरित किया है, जिनमें से प्रत्येक उनके चरित्र और गुणों के विभिन्न पहलुओं को उजागर करता है। भरतनाट्यम और कथक जैसी शास्त्रीय भारतीय नृत्य शैलियों में, रामायण के प्रदर्शन अक्सर सीता की गरिमा, शक्ति और भक्ति पर जोर देते हैं। भारतीय कला में उनकी छवि एक सामान्य विषय है, जिसे चित्रों, मूर्तियों और वस्त्रों में चित्रित किया गया है, जो सांस्कृतिक कल्पना में उनके केंद्रीय स्थान को दर्शाता है।

आधुनिक समय में, सीता की कहानी दुनिया भर के लोगों के साथ प्रतिध्वनित होती है। उनकी भक्ति, सहनशीलता, और नैतिकता के गुण सार्वभौमिक मूल्य हैं, जो सांस्कृतिक और धार्मिक सीमाओं से परे हैं। सीता का उदाहरण व्यक्तियों को अपने संघर्षों का साहस और विश्वास के साथ सामना करने, विपरीत परिस्थितियों में अपने सिद्धांतों को बनाए रखने, और अपनी भक्ति और प्रेम में शक्ति खोजने के लिए प्रेरित करता है। उनकी कहानी आंतरिक शक्ति की शक्ति और धर्म और सद्गुण के महत्व की याद दिलाती है।

सीता का जीवन समाज में लिंग गतिशीलता और महिलाओं की भूमिका के लिए भी मूल्यवान पाठ प्रस्तुत करता है। वह शक्ति और स्वतंत्रता के आदर्शों को मूर्त रूप देती हैं, जो निष्क्रिय स्त्रीत्व की धारणा को चुनौती देती हैं। सीता का अपने सिद्धांतों के प्रति अडिग पालन, भले ही उन्हें भारी कठिनाइयों का सामना करना पड़े, महिलाओं की स्वायत्तता और नैतिक स्वतंत्रता के महत्व को उजागर करता है। उनकी कहानी पारंपरिक लिंग भूमिकाओं की पुनः परीक्षा का आग्रह करती है, जो स्त्रीत्व की अधिक समावेशी और सशक्त समझ को बढ़ावा देती है।

इसके अलावा, सीता का आख्यान व्यक्तिगत और आध्यात्मिक विकास में प्रेम और भक्ति के महत्व को रेखांकित करता है। राम के साथ उनका संबंध, जो परस्पर सम्मान और भक्ति से चिह्नित है, आदर्श साझेदारी के लिए एक आदर्श प्रस्तुत करता है। सीता का जीवन सिखाता है कि सच्ची भक्ति में प्रेम और त्याग दोनों शामिल हैं, और प्रेम का उच्चतम रूप निःस्वार्थ और बिना शर्त है। उनकी कहानी व्यक्तियों को गहरे और अर्थपूर्ण संबंध विकसित करने के लिए प्रेरित करती है, जो परस्पर सम्मान, समर्थन, और भक्ति पर आधारित हैं।

सीता, सद्गुण और भक्ति की मूर्ति, धर्म, प्रेम और सहनशीलता का एक कालातीत

प्रतीक हैं। उनकी कहानी, जो रामायण में वर्णित है, धर्म के आदर्शों और भक्ति की परिवर्तनकारी शक्ति में गहरी अंतर्दृष्टि प्रदान करती है। सीता का अडिग विश्वास, नैतिकता, और करुणामय स्वभाव उन्हें प्रेरणा और श्रद्धा की एक स्थायी आकृति बनाता है। उनकी विरासत, जो धार्मिक अनुष्ठानों, सांस्कृतिक अभिव्यक्तियों, और व्यक्तिगत भक्ति के माध्यम से मनाई जाती है, व्यक्तियों को अपने जीवन में सद्गुण, भक्ति, और धर्म के मूल्यों को बनाए रखने के लिए प्रेरित करती है। उनकी शिक्षाओं और उदाहरणों के माध्यम से, सीता व्यक्तिगत और आध्यात्मिक विकास का एक मार्ग प्रदान करती हैं, जो आंतरिक शक्ति, नैतिकता, और अडिग भक्ति की ओर मार्गदर्शन करता है।

"मनसा, उर्वरता और स्वास्थ्य की नाग देवी, दिव्य स्त्रीत्व के रक्षक और उपचारक पहलुओं का प्रतीक हैं। उनकी कहानी प्राकृतिक दुनिया के सम्मान और संरक्षण के महत्व को उजागर करती है। उनके माध्यम से, हम जीवन और नवीकरण के चक्र को समझते हैं।"

8

राधा: दिव्य प्रेम की प्रतीक

राधा, दिव्य प्रेम की प्रतीक, हिंदू पौराणिक कथाओं में एक अद्वितीय और पूजनीय स्थान रखती हैं। कृष्ण के प्रति उनका प्रेम सांसारिक सीमाओं से परे है और आध्यात्मिक भक्ति और एकत्व के सर्वोच्च रूप को मूर्त रूप देता है। राधा की कहानी, जो मुख्य रूप से भागवत पुराण, गीता गोविंद और अन्य विविध ग्रंथों और लोककथाओं में वर्णित है, प्रेम, लालसा और आध्यात्मिक पूर्णता की एक कालातीत कथा है। कृष्ण के साथ उनका संबंध आत्मा की ईश्वर के साथ मिलन की तीव्र लालसा को दर्शाता है, जिससे राधा शुद्ध, निःस्वार्थ प्रेम और भक्ति की गहन प्रतीक बनती हैं।

राधा की उत्पत्ति रहस्य और दिव्यता से घिरी हुई है। उन्हें अक्सर वृंदावन की एक गोपिका के रूप में चित्रित किया जाता है, जहां कृष्ण ने अपना बचपन बिताया था। राधा को वृषभानु और कीर्ति की पुत्री माना जाता है, हालांकि कुछ परंपराएं उन्हें लक्ष्मी का अवतार बताती हैं, जो कृष्ण के साथ मिलन के लिए जन्मी थीं। राधा का जन्म, कृष्ण की तरह, दिव्य रूप से पूर्वनिर्धारित माना जाता है, जिसे आध्यात्मिक प्रेम और भक्ति के कथा में महत्वपूर्ण भूमिका निभाने के लिए नियत किया गया था।

राधा और कृष्ण के बीच का बंधन हिंदू पौराणिक कथाओं के सबसे श्रद्धेय पहलुओं में से एक है। उनका संबंध केवल रोमांटिक नहीं है, बल्कि यह व्यक्तिगत आत्मा

(जीवात्मा) और परमात्मा के बीच शाश्वत और पारलौकिक प्रेम का प्रतीक है। कृष्ण के प्रति राधा का प्रेम गहन और अडिग है, जो भक्ति (मधुर्य भाव) के सर्वोच्च रूप को दर्शाता है। यह भक्ति शारीरिक और भावनात्मक सीमाओं को पार कर आध्यात्मिक शिखर तक पहुँचती है, जहाँ प्रेमी और प्रिय एक हो जाते हैं।

राधा और कृष्ण के प्रेम की कहानियां उनके दिव्य लीलाओं से भरी हुई हैं, जो वृंदावन के वन-उपवनों में घटित होती हैं। ये कथाएँ प्रतीकों और आध्यात्मिक महत्व से परिपूर्ण हैं, जो दिव्य प्रेम की गहनता और आत्मा के आध्यात्मिक ज्ञान की यात्रा को दर्शाती हैं। रास लीला, या दिव्य प्रेम का नृत्य, सबसे प्रसिद्ध प्रकरणों में से एक है, जिसमें कृष्ण राधा और गोपिकाओं के साथ चंद्रमा की रोशनी में नृत्य करते हैं। इस नृत्य में, कृष्ण स्वयं को प्रत्येक गोपिका के साथ होने के लिए कई रूपों में विभाजित करते हैं, जो ईश्वर की सर्वव्यापकता और प्रत्येक आत्मा के साथ उनके घनिष्ठ संबंध का प्रतीक है। फिर भी, राधा इस नृत्य का केंद्रीय पात्र बनी रहती हैं, जो भक्ति का चरम और सभी सीमाओं से परे प्रेम की मूर्ति हैं।

कृष्ण के प्रति राधा का प्रेम तीव्र लालसा और विरह (वियोग) से चिह्नित है। उनके संबंध का यह पहलू दिव्य प्रेम के दर्द और आनंद को उजागर करता है, जहाँ प्रिय की अनुपस्थिति लालसा को गहन करती है और आध्यात्मिक संबंध को गहरा बनाती है। वियोग का यह विषय गीता गोविंद में गहराई से खोजा गया है, जो 12वीं शताब्दी के कवि जयदेव द्वारा रचित एक काव्य है। इसमें राधा का कृष्ण के लिए दुख और लालसा चित्रित है। उनका प्रेम निःस्वार्थ और सर्वग्राही है, जहाँ मिलन का आनंद और वियोग का दुख एक ही सिक्के के दो पहलू हैं, जो दोनों आध्यात्मिक जागरण और ईश्वर के साथ मिलन की ओर ले जाते हैं।

राधा की भक्ति केवल उनके युवावस्था के खेल तक ही सीमित नहीं है, बल्कि यह समय और स्थान की सीमाओं से परे एक गहन आध्यात्मिक बंधन को दर्शाती है। उन्हें अक्सर सर्वोच्च भक्त के रूप में चित्रित किया जाता है, जिनकी कृष्ण के प्रति भक्ति अतुलनीय है। यह राधा को भक्ति आंदोलन का एक महत्वपूर्ण पात्र बनाता है, जहाँ भक्त उनके शुद्ध और निःस्वार्थ प्रेम का अनुकरण करने की कोशिश करते हैं। भक्ति परंपरा, जो व्यक्तिगत भक्ति और भक्त और ईश्वर के बीच प्रत्यक्ष संबंध पर जोर देती है, राधा के प्रेम में अपने सर्वोच्च रूप को पाती है। उनकी भक्ति को आध्यात्मिक मुक्ति का अंतिम मार्ग माना जाता है, जहाँ प्रेम ही

यात्रा और गंतव्य दोनों बन जाता है।

राधा के प्रेम का प्रतीकात्मकता दिव्य स्त्री ऊर्जा (शक्ति) और दिव्य पुरुष (शिव) के साथ इसके संबंध तक भी फैली हुई है। कई परंपराओं में, राधा को शक्ति का मूर्त रूप माना जाता है, जो दिव्य चेतना को सक्रिय और पूरक करती है। शक्ति और शिव, या राधा और कृष्ण का यह मिलन ब्रह्मांडीय ऊर्जाओं के आदर्श सामंजस्य और संतुलन का प्रतीक है, जो ब्रह्मांड को बनाए रखने वाले गतिशील संबंध को दर्शाता है। दिव्य संगिनी के रूप में राधा की भूमिका ब्रह्मांडीय और आध्यात्मिक व्यवस्था में स्त्री ऊर्जा के महत्व को उजागर करती है।

राधा का प्रभाव धार्मिक ग्रंथों और अनुष्ठानों तक ही सीमित नहीं है, बल्कि यह कला, साहित्य और संस्कृति के विभिन्न रूपों में व्याप्त है। उनकी कहानी ने कविता, संगीत, नृत्य और चित्रकला में अनगिनत कृतियों को प्रेरित किया है, जो दिव्य प्रेम की सुंदरता और गहराई का उत्सव मनाती हैं। भरतनाट्यम और कथक जैसी शास्त्रीय भारतीय नृत्य शैलियाँ अक्सर राधा और कृष्ण के जीवन के प्रकरणों को चित्रित करती हैं, जो प्रेम, लालसा और भक्ति की भावनाओं को व्यक्त करने के लिए अभिव्यंजक मुद्राओं और आंदोलनों का उपयोग करती हैं।

कविता में, राधा का कृष्ण के प्रति प्रेम कई कवियों और संतों के लिए प्रेरणा का स्रोत रहा है। जयदेव के गीता गोविंद की अष्टपदी, विद्यापति की कविताएँ, और उत्तर भारतीय संत-कवयित्री मीराबाई के गीत, ये सभी राधा की भक्ति और दिव्य प्रेम की आनंदमयता का गुणगान करते हैं। ये कृतियाँ राधा के प्रेम की भावनात्मक गहराई और आध्यात्मिक आनंद का अन्वेषण करती हैं, इसे भक्ति के अंतिम रूप के रूप में प्रस्तुत करती हैं, जो ईश्वर के साक्षात्कार की ओर ले जाती है।

राधा की कहानी निःस्वार्थ प्रेम और उसकी परिवर्तनकारी शक्ति का उदाहरण प्रस्तुत करती है। उनका प्रेम कृष्ण के प्रति व्यक्तिगत इच्छाओं और अहंकार से परे है, जो दिव्य प्रेम के सर्वोच्च आदर्शों को दर्शाता है। उनकी भक्ति सिखाती है कि सच्चे प्रेम में समर्पण और निष्ठा होती है, जहाँ प्रेमी की पहचान प्रिय में विलीन हो जाती है, और सभी भेद दिव्य प्रेम की एकता में समाप्त हो जाते हैं।

राधा, दिव्य प्रेम की प्रतीक, भक्ति, पवित्रता, और आध्यात्मिक पूर्णता के सर्वोच्च

आदर्शों को मूर्त रूप देती हैं। कृष्ण के साथ उनका संबंध भौतिक और भावनात्मक क्षेत्रों को पार कर आध्यात्मिक एकता के शिखर तक पहुँचता है। राधा की कहानी, जो प्रतीकात्मकता और आध्यात्मिक महत्व से भरपूर है, दिव्य प्रेम के स्वभाव और उसकी परिवर्तनकारी शक्ति में गहरी अंतर्दृष्टि प्रदान करती है। उनकी अडिग भक्ति और कृष्ण के प्रति निःस्वार्थ प्रेम सभी आध्यात्मिक साधकों के लिए एक आदर्श है, जो उन्हें दिव्य के साथ एकता के अंतिम लक्ष्य की ओर मार्गदर्शन करता है। उनके शिक्षण और उदाहरण के माध्यम से, राधा प्रेरित करती हैं और उत्थान करती हैं, हमें दिव्य प्रेम के कालातीत और सार्वभौमिक स्वरूप की याद दिलाती हैं।

"संतोषी माता, संतोष की माता, धैर्य, दृढ़ता और भक्ति के मूल्य सिखाती हैं।
उनकी पूजा हमारे जीवन में शांति और संतोष लाती है। वह पारिवारिक और
व्यक्तिगत जीवन में आशा और सामंजस्य की प्रेरणा हैं।"

∽◌

9

गंगा: शुद्धि और जीवनदायिनी नदी देवी

गंगा, शुद्धि और जीवनदायिनी नदी देवी, हिंदू पौराणिक कथाओं और भारतीय संस्कृति में अद्वितीय स्थान रखती हैं। वह केवल एक नदी नहीं हैं, बल्कि एक दिव्य शक्ति हैं, जिन्हें उनकी शुद्ध करने और जीवन प्रदान करने वाली विशेषताओं के लिए पूजनीय माना जाता है। उनकी कहानी, जो पौराणिक कथाओं और धार्मिक प्रथाओं के साथ गहराई से जुड़ी हुई है, पवित्रता, क्षमा, और जीवन के निरंतर प्रवाह का प्रतीक है। गंगा की उपस्थिति भारत की आध्यात्मिक और सांस्कृतिक संरचना में गहराई से समाहित है, जो भौतिक पोषण और आध्यात्मिक मुक्ति दोनों का सार प्रस्तुत करती है।

हिंदू पौराणिक कथाओं के अनुसार, गंगा का उद्गम स्वर्ग से हुआ है। उन्हें पर्वतों के राजा हिमवान और रानी मेना की पुत्री माना जाता है, जिससे वह शिव की पत्नी पार्वती की बहन हैं। गंगा का स्वर्ग से पृथ्वी पर अवतरण उनकी कहानी का केंद्रीय विषय है। उनके अवतरण की कथा, जिसे गंगा अवतरण के नाम से जाना जाता है, राजा भगीरथ की गहन तपस्या की कहानी बताती है। उन्होंने गंगा को पृथ्वी पर लाने के लिए तप किया, ताकि अपने पूर्वजों की आत्माओं को शुद्ध कर उन्हें मोक्ष दिला सकें। उनकी भक्ति से प्रभावित होकर, देवताओं ने उनकी इच्छा पूरी की, लेकिन एक बड़ी चुनौती थी: गंगा का शक्तिशाली अवतरण पृथ्वी को नष्ट कर सकता था। इसे रोकने के लिए, भगवान शिव ने अपनी जटाओं में गंगा को रोका और धीरे-धीरे उन्हें धाराओं में छोड़ दिया। शिव के इस कार्य ने न केवल पृथ्वी को

विनाश से बचाया, बल्कि गंगा को पवित्र भी कर दिया, जिससे वह स्वर्ग और पृथ्वी के बीच का पुल बन गईं।

शिव के साथ गंगा का संबंध उनकी पवित्रता को और भी मजबूत करता है। शिव को अक्सर गंगा को अपनी जटाओं से प्रवाहित करते हुए चित्रित किया जाता है। यह प्रतीकात्मकता ब्रह्मांडीय ऊर्जा और दिव्य कृपा के संगम को दर्शाती है। गंगा का अवतरण केवल एक भौतिक घटना नहीं है, बल्कि एक आध्यात्मिक घटना है, जो मानव आत्माओं को शुद्ध और ऊर्ध्वगामी बनाने के लिए दुनिया में दिव्य कृपा के प्रवाह का प्रतिनिधित्व करती है। ऐसा माना जाता है कि गंगा का जल पापों को धोता है, रोगियों को ठीक करता है, और उन लोगों को मुक्ति प्रदान करता है जो विश्वास के साथ उसमें स्नान करते हैं।

गंगा की भूमिका एक शुद्धिकर्ता के रूप में उनकी पहचान का केंद्रीय हिस्सा है। हिंदू अनुष्ठानों में, गंगा के जल, जिसे गंगाजल कहा जाता है, को शुद्ध और पवित्र करने वाले समारोहों के लिए आवश्यक माना जाता है। गंगाजल का उपयोग जन्म से मृत्यु तक विभिन्न विधियों में किया जाता है, जो नदी के जीवनदायिनी और शुद्धिकारी गुणों का प्रतीक है। उनकी शुद्ध करने की शक्ति में विश्वास इतना गहरा है कि उनकी कुछ बूंदें भी किसी भी चीज़ को शुद्ध करने के लिए पर्याप्त मानी जाती हैं। उनकी शुद्धिकरण की क्षमता में यह विश्वास नदी और उनके भक्तों के बीच गहरे आध्यात्मिक संबंध को दर्शाता है।

वाराणसी, दुनिया के सबसे प्राचीन रूप से बसे हुए शहरों में से एक, गंगा की पूजा में एक विशेष स्थान रखता है। गंगा के किनारे स्थित वाराणसी को भारत की आध्यात्मिक राजधानी माना जाता है। देश और विदेश के तीर्थयात्री वाराणसी आते हैं, गंगा के पवित्र जल में स्नान करने और अपने पूर्वजों के लिए अनुष्ठान करने के लिए। वाराणसी के घाट (नदी तक जाने वाली सीढ़ियाँ) दिन-रात प्रार्थनाओं, अर्पणों और अनुष्ठानों की गतिविधियों से भरे रहते हैं। गंगा आरती, जो प्रतिदिन घाटों पर की जाती है, एक अद्भुत दृश्य है, जिसमें पुजारी मंत्रों का उच्चारण करते हैं और तेल के दीयों को जटिल पैटर्न में लहराते हैं। यह वातावरण गंगा देवी के प्रति गहरी श्रद्धा को दर्शाता है।

गंगा का जीवनदायिनी गुण उनकी आध्यात्मिक महत्ता से परे जाता है। यह नदी

लाखों लोगों के लिए पानी का मुख्य स्रोत है, कृषि का समर्थन करती है, पेयजल प्रदान करती है, और पारिस्थितिक तंत्र को बनाए रखती है। गंगा का बेसिन, जो भारत के उत्तरी भाग और बांग्लादेश में विस्तृत है, दुनिया के सबसे उपजाऊ और घनी आबादी वाले क्षेत्रों में से एक है। यह नदी उन खेतों को सिंचित करती है जो भारत की खाद्य आपूर्ति का एक बड़ा हिस्सा उत्पन्न करते हैं, जिससे गंगा देश की खाद्य सुरक्षा और अर्थव्यवस्था के लिए अनिवार्य बन जाती है। गंगा के इस जीवनदायिनी पहलू को विभिन्न त्योहारों और अनुष्ठानों में मनाया जाता है, जो उन्हें जीवन के पोषणकर्ता और संजीवनी के रूप में सम्मानित करते हैं।

हालांकि, जीवन देने वाली गंगा को कई चुनौतियों का सामना करना पड़ता है। नदी को औद्योगिक कचरे, सीवेज, और प्लास्टिक से होने वाले प्रदूषण की गंभीर समस्या का सामना करना पड़ता है, जो उसके स्वास्थ्य और उस पर निर्भर लोगों की भलाई को खतरे में डालता है। इस पर्यावरणीय क्षरण ने नदी की सफाई और संरक्षण के लिए कई प्रयासों को जन्म दिया है। भारतीय सरकार ने नमामि गंगे जैसे कार्यक्रम शुरू किए हैं, जो प्रदूषण को दूर करने और जल की गुणवत्ता में सुधार करने के लिए समर्पित हैं। ये प्रयास गंगा के महत्वपूर्ण महत्व और भविष्य की पीढ़ियों के लिए उनकी पवित्रता को संरक्षित करने की आवश्यकता को प्रतिबिंबित करते हैं।

गंगा की दयालु प्रकृति उनकी पौराणिक कथाओं में भी उजागर होती है। उन्हें अक्सर एक करुणामय माता के रूप में चित्रित किया जाता है, जो अपने भक्तों के लिए कष्ट सहने को तैयार रहती हैं। एक मार्मिक कहानी बताती है कि कैसे वह अधोलोक में फंसी आत्माओं को बचाने के लिए उतरीं। यह कथा गंगा की करुणा और उनकी भूमिका को एक दयालु और प्रेमपूर्ण देवी के रूप में मजबूत करती है। उनकी पूजा में करुणा एक केंद्रीय विषय है, जिसमें भक्त क्षमा, उपचार और सुरक्षा के लिए उनका आशीर्वाद मांगते हैं।

गंगा का हिमालय से बंगाल की खाड़ी तक का प्रवाह भौतिक जगत से मोक्ष तक की आध्यात्मिक यात्रा का प्रतीक है। नदी के विभिन्न भूभागों से प्रवाहित होने पर यह जीवन की कठिनाइयों और परीक्षाओं के माध्यम से आत्मा की यात्रा का प्रतिबिंब है, जो आध्यात्मिक ज्ञान और मुक्ति की ओर अग्रसर होती है। यह प्रतीकात्मकता नदी के प्रवाह के साथ स्थित तीर्थ स्थलों में परिलक्षित होती है, जिनमें से प्रत्येक

का अपना आध्यात्मिक महत्व है। तीर्थयात्री गंगा के स्रोत गंगोत्री ग्लेशियर से लेकर गंगा डेल्टा में समुद्र से उनके संगम तक की यात्रा करते हैं, जो शारीरिक और आध्यात्मिक दोनों ही यात्रा होती है।

गंगा की स्थायी विरासत एक शुद्धिकर्ता और जीवनदायिनी नदी देवी के रूप में उनकी भारतीय आध्यात्मिकता, संस्कृति, और पारिस्थितिकी पर गहन प्रभाव का प्रमाण है। उनकी कहानी, जो प्रतीकों और दिव्य कृपा से परिपूर्ण है, पवित्रता, करुणा, और जीवन के सतत प्रवाह के महत्व पर मूल्यवान पाठ प्रदान करती है। नदी की पवित्रता और जीवनदायिनी गुण भौतिक और आध्यात्मिक क्षेत्रों की परस्परता को रेखांकित करते हैं, यह विश्वास प्रतिबिंबित करते हैं कि जल केवल एक संसाधन नहीं है, बल्कि एक ऐसा दिव्य उपहार है जो जीवन को पोषण और शुद्ध करता है।

"कामाख्या, इच्छाओं और उर्वरता की देवी, स्त्री शरीर की पवित्रता का उत्सव मनाती हैं। उनकी पूजा इच्छाओं की परिवर्तनकारी शक्ति को आत्मज्ञान के मार्ग के रूप में अपनाती है। वह प्रकृति और उर्वरता की आदिम शक्तियों का प्रतीक हैं।"

॰ ॰

10

अन्नपूर्णा: पोषण की देवी

अन्नपूर्णा, पोषण की देवी, उस आवश्यक पोषण का प्रतीक हैं जो जीवन को सहारा देता है। उनका नाम संस्कृत के शब्दों "अन्न" (भोजन) और "पूर्ण" (पूर्णता) से लिया गया है, जो उन्हें भोजन और पोषण की प्रदाता के रूप में प्रस्तुत करता है। हिंदू परंपरा में, अन्नपूर्णा को एक कृपालु और उदार देवी के रूप में पूजा जाता है, जो अपने भक्तों की भूख को मिटाने और उनकी आवश्यकताओं को पूरा करने का आश्वासन देती हैं। उनकी कथा और प्रतीकात्मकता भोजन के भौतिक आवश्यकता से परे जाकर इसे एक पवित्र अर्पण के रूप में प्रस्तुत करती है, जो शरीर और आत्मा दोनों का पोषण करती है।

अन्नपूर्णा की उत्पत्ति शिव, हिंदू धर्म के प्रमुख देवताओं में से एक, के साथ उनके संबंधों से जुड़ी हुई है। एक पौराणिक कथा के अनुसार, एक बार दुनिया में अकाल पड़ गया और भोजन दुर्लभ हो गया। भूख और अभाव से पीड़ित लोगों ने शिव से मदद के लिए प्रार्थना की। उनकी कठिनाई से द्रवित होकर, शिव ने अपनी संगिनी पार्वती से सहायता मांगी। पार्वती, करुणा और मातृत्व की मूर्ति, अन्नपूर्णा में परिवर्तित हो गईं, पोषण की देवी। वह काशी (वाराणसी) शहर में प्रकट हुईं और वहां आने वाले सभी को भोजन वितरित किया। शिव ने अन्नपूर्णा के दिव्य महत्व को स्वीकारते हुए उनके पास खाली भिक्षापात्र लेकर गए। अन्नपूर्णा ने शिव का पात्र भर दिया, जो यह दर्शाता है कि भोजन और देवी के पोषण की शक्ति का महत्व देव और भौतिक संसार के बीच गहरे संबंध को व्यक्त करता है।

अन्नपूर्णा की छवि उनके पोषण प्रदाता के रूप में भूमिका को रेखांकित करने वाले प्रतीकात्मक तत्वों से भरपूर है। उन्हें अक्सर एक सुंदर महिला के रूप में चित्रित किया जाता है, जो आभूषणों से सजी होती हैं और उनके चेहरे पर शांति का भाव होता है। उनके एक हाथ में एक करछुल और दूसरे हाथ में भोजन का पात्र होता है। करछुल उनके पोषण वितरित करने की भूमिका का प्रतिनिधित्व करता है, जबकि भोजन का पात्र भूख की पूर्ति और प्रचुरता का प्रतीक है। कभी-कभी उन्हें एक सिंहासन पर बैठे हुए दिखाया जाता है, जो हरी-भरी वनस्पतियों और भरपूर फसलों से घिरी होती हैं। यह चित्रण इस बात पर जोर देता है कि भोजन केवल एक भौतिक आवश्यकता नहीं है, बल्कि यह देवी का एक पवित्र उपहार है जो जीवन को सहारा देता है।

अन्नपूर्णा का महत्व पौराणिक और प्रतीकात्मक क्षेत्रों से परे जाकर दैनिक जीवन और धार्मिक अभ्यास के व्यावहारिक पहलुओं में विस्तारित होता है। हिंदू घरों में रसोई को अक्सर एक पवित्र स्थान माना जाता है, और भोजन पकाना भक्ति का कार्य माना जाता है। रसोई में तैयार भोजन को देवताओं को अर्पित किया जाता है और फिर खाया जाता है, जो देवी द्वारा प्रदान किए गए पोषण के लिए आभार व्यक्त करता है। अन्नपूर्णा, पोषण की देवी के रूप में, भोजन को आशीर्वाद देने और इसे शुद्ध और पोषक बनाने के लिए आह्वान की जाती हैं। यह प्रथा हिंदू धर्म में भोजन के गहरे सांस्कृतिक और आध्यात्मिक महत्व को दर्शाती है, जहाँ इसे केवल शरीर के लिए ईंधन के रूप में नहीं बल्कि आत्मा को पोषित करने वाले एक पवित्र अर्पण के रूप में देखा जाता है।

अन्नपूर्णा की शिक्षाएँ न केवल शारीरिक भोजन बल्कि आध्यात्मिक और भावनात्मक पोषण के महत्व को भी रेखांकित करती हैं। उनकी पूजा हमें भोजन की पवित्रता और इसे साझा करने की जिम्मेदारी की याद दिलाती है। जीवन के हर रूप को सहारा देने में देवी की भूमिका अनमोल है।

"चंडी, शक्ति का उग्र रूप, एक शक्तिशाली रक्षक और योद्धा हैं। उनकी कथा यह दर्शाती है कि प्रतिकूलताओं का सामना करना और उन्हें पार करना कितना महत्वपूर्ण है। वह हमें अपनी आंतरिक शक्ति और दृढ़ता को अपनाने के लिए प्रेरित करती हैं।"

11

मीनाक्षी: मदुरै की रानी

मीनाक्षी, मदुरै की रानी, हिंदू देवी-देवताओं में से एक सबसे प्रसिद्ध और पूजनीय देवी हैं। उनकी कहानी, तमिलनाडु, भारत के मदुरै शहर के इतिहास और संस्कृति से गहराई से जुड़ी हुई है, जो सौंदर्य, शक्ति और दिव्य अधिकार के आदर्शों को दर्शाती है। मीनाक्षी पार्वती का अवतार हैं, जो शिव की पत्नी हैं, और अपनी योद्धा रानी और शासिका की भूमिका के लिए अद्वितीय हैं। मीनाक्षी की कथा दिव्य और शाही शक्ति के संगम को उजागर करती है, जिससे वह मदुरै के धार्मिक और सांस्कृतिक जीवन की केंद्रीय पात्र बनती हैं।

मीनाक्षी की उत्पत्ति प्राचीन पौराणिक कथाओं और किंवदंतियों में निहित है। परंपरा के अनुसार, उनका जन्म पांड्य राजा मलयध्वज और उनकी रानी कंचनमलाई से हुआ, जो निःसंतान थे और उत्तराधिकारी की आकांक्षा रखते थे। उन्होंने देवी-देवताओं से संतान के लिए गहन तप और बलिदान किया। उनकी प्रार्थना के परिणामस्वरूप मीनाक्षी तीन वर्ष की आयु में एक अग्निकुंड से प्रकट हुईं, जिनके तीन स्तन थे, जो एक अद्वितीय लेकिन दिव्य संकेत था। एक आकाशवाणी ने राजा और रानी को बताया कि जब वह अपने नियत पति से मिलेंगी तो उनका तीसरा स्तन गायब हो जाएगा।

मीनाक्षी का नाम, जिसका अर्थ "मीनाक्षी" (मछली की आंखों वाली) है, तमिल शब्दों "मीन" (मछली) और "अक्षी" (आंखें) से लिया गया है, जो उनकी बड़ी और सुंदर आंखों को दर्शाता है, जो मछली की आंखों के समान होती हैं। यह नाम न केवल उनके शारीरिक सौंदर्य को रेखांकित करता है, बल्कि उनकी सर्वदर्शी और

रक्षक प्रकृति का प्रतीक भी है। जैसे-जैसे वह बड़ी हुईं, मीनाक्षी ने असाधारण साहस, शक्ति और बुद्धिमत्ता का प्रदर्शन किया। युद्ध और शासन की कला में प्रशिक्षित, वह एक महान योद्धा और न्यायप्रिय शासिका बन गईं, जो एक आदर्श शासक के गुणों को प्रदर्शित करती हैं।

वयस्कता तक पहुंचने पर, मीनाक्षी ने अपने पिता के बाद मदुरै के सिंहासन पर अधिकार किया। उन्होंने बुद्धिमत्ता और निष्पक्षता के साथ शासन किया, अपने राज्य में समृद्धि और स्थिरता लाई। उनके शासनकाल को अक्सर एक स्वर्ण युग के रूप में चित्रित किया जाता है, जो न्याय, शांति और कला और संस्कृति के उत्कर्ष से चिह्नित है। योद्धा और शासक के रूप में उनकी भूमिकाओं को संतुलित करने की उनकी क्षमता उनके बहुआयामी स्वभाव और दिव्य उत्पत्ति को उजागर करती है।

मीनाक्षी के जीवन का निर्णायक क्षण तब आया जब उन्होंने दुनिया को जीतने के लिए सैन्य अभियान शुरू किया। उनकी विजय तेज और निर्णायक थी, और उन्होंने अपने सभी विरोधियों को हराया। अंततः, वह कैलाश पर्वत पर पहुंचीं, जो शिव का निवास स्थान है, जहां उनकी शिव से भेंट हुई। भविष्यवाणी के अनुसार, शिव से मिलते ही उनका तीसरा स्तन गायब हो गया, जो उनके भाग्य की पूर्ति का संकेत था। मीनाक्षी ने महसूस किया कि शिव उनके दिव्य पति हैं और उनका मिलन ब्रह्मांड द्वारा नियोजित था।

मीनाक्षी और शिव का विवाह हिंदू पौराणिक कथाओं में एक भव्य घटना के रूप में मनाया जाता है, जो दिव्य शक्ति और पृथ्वी पर संप्रभुता के मिलन का प्रतीक है। यह विवाह, जिसे मीनाक्षी थिरुकल्याणम के नाम से जाना जाता है, मदुरै में हर साल बड़ी धूमधाम और भक्ति के साथ मनाया जाता है। यह उत्सव, जो बड़े चिथिरई उत्सव का हिस्सा है, लाखों भक्तों और पर्यटकों को मीनाक्षी अम्मन मंदिर में आकर्षित करता है, जो भारत के सबसे महत्वपूर्ण और भव्य मंदिरों में से एक है। समारोहों में विस्तृत अनुष्ठान, जुलूस, और सांस्कृतिक प्रदर्शन शामिल होते हैं, जो मीनाक्षी और उनके दिव्य पति के प्रति गहरी श्रद्धा को दर्शाते हैं।

वयस्कता में पहुंचने के बाद, मीनाक्षी ने अपने पिता के बाद मदुरै के सिंहासन पर अधिकार किया। उन्होंने बुद्धिमत्ता और निष्पक्षता के साथ शासन किया, जिससे

उनके राज्य में समृद्धि और स्थिरता आई। उनके शासनकाल को अक्सर एक स्वर्ण युग के रूप में वर्णित किया जाता है, जो न्याय, शांति और कला एवं संस्कृति के उत्कर्ष से भरा हुआ था। एक योद्धा और शासिका के रूप में उनकी भूमिकाओं को संतुलित करने की उनकी क्षमता उनके बहुआयामी स्वभाव और दिव्य उत्पत्ति को दर्शाती है।

मीनाक्षी के जीवन का निर्णायक क्षण तब आया जब उन्होंने दुनिया को जीतने के लिए सैन्य अभियान शुरू किया। उनकी विजय तेज और निर्णायक थी, और उन्होंने अपने सभी विरोधियों को पराजित किया। अंततः, वह कैलाश पर्वत पर पहुंचीं, जो भगवान शिव का निवास स्थान है। वहां, उनकी शिव से भेंट हुई। भविष्यवाणी के अनुसार, शिव से मिलते ही उनका तीसरा स्तन गायब हो गया, जो उनके भाग्य की पूर्ति का संकेत था। मीनाक्षी ने महसूस किया कि शिव उनके दिव्य पति हैं और उनका मिलन ब्रह्मांड द्वारा नियोजित था।

मीनाक्षी और शिव का विवाह हिंदू पौराणिक कथाओं में एक भव्य घटना के रूप में मनाया जाता है, जो दिव्य शक्ति और पृथ्वी पर संप्रभुता के मिलन का प्रतीक है। यह विवाह, जिसे मीनाक्षी थिरुकल्याणम कहा जाता है, मदुरै में हर साल बड़े उत्साह और भक्ति के साथ मनाया जाता है। यह उत्सव, जो बड़े चिथिरई उत्सव का हिस्सा है, लाखों भक्तों और पर्यटकों को मीनाक्षी अम्मन मंदिर में आकर्षित करता है, जो भारत के सबसे महत्वपूर्ण और भव्य मंदिरों में से एक है। समारोहों में विस्तृत अनुष्ठान, जुलूस और सांस्कृतिक प्रदर्शन शामिल होते हैं, जो मीनाक्षी और उनके दिव्य पति के प्रति गहरी श्रद्धा को दर्शाते हैं।

मीनाक्षी अम्मन मंदिर, जो मदुरै के केंद्र में स्थित है, देवी की स्थायी विरासत और शहर की समृद्ध सांस्कृतिक धरोहर का प्रमाण है। यह मंदिर परिसर, जो 14 एकड़ से अधिक क्षेत्र में फैला हुआ है, द्रविड़ वास्तुकला का एक अद्भुत नमूना है। इसमें ऊंचे गोपुरम (प्रवेश द्वार), बारीकी से तराशे गए स्तंभ और एक पवित्र तालाब शामिल हैं। मंदिर का केंद्रीय गर्भगृह मीनाक्षी और सुंदरेश्वरर (शिव) की मूर्तियों को समर्पित है, जो उनके दिव्य मिलन का प्रतीक हैं।

मीनाक्षी की योद्धा रानी के रूप में भूमिका सांस्कृतिक और ऐतिहासिक दृष्टिकोण से विशेष रूप से महत्वपूर्ण है। एक पितृसत्तात्मक समाज में, जहां महिला शासक

दुर्लभ थीं, मीनाक्षी की कथा महिला शक्ति और नेतृत्व की एक प्रभावशाली कहानी है। उनकी सेनाओं का नेतृत्व करने, न्याय प्रदान करने और एक समृद्ध राज्य का शासन करने की क्षमता पारंपरिक लिंग भूमिकाओं को चुनौती देती है और यह दर्शाती है कि महिलाओं में शक्ति और अधिकार रखने की क्षमता है। मीनाक्षी की कहानी महिलाओं के लिए प्रेरणा का स्रोत है और यह सिखाती है कि शक्ति, बुद्धिमत्ता और नेतृत्व केवल एक लिंग तक सीमित नहीं हैं।

मीनाक्षी की पूजा केवल उनकी युद्धक क्षमता तक ही सीमित नहीं है, बल्कि उनके nurturing और दयालु माता देवी के रूप में भी होती है। वह अपने भक्तों की रक्षक के रूप में पूजी जाती हैं, जो आवश्यकता के समय सुकून और सहायता प्रदान करती हैं। मीनाक्षी को समर्पित अनुष्ठान और प्रार्थनाएं अक्सर उनकी मातृ गुणों पर जोर देती हैं, जो स्वास्थ्य, समृद्धि और कल्याण के लिए उनके आशीर्वाद की याचना करती हैं। मीनाक्षी का यह द्वंद्व—एक क्रोधी योद्धा और एक प्रेममयी माता—हिंदू धर्म में दिव्य स्त्रीत्व की जटिलता और गहराई को दर्शाता है।

मीनाक्षी का प्रभाव धार्मिक क्षेत्र से परे कला और संस्कृति के विभिन्न पहलुओं तक फैला हुआ है। उनकी कथा ने साहित्य, संगीत, नृत्य और दृश्य कला में अनगिनत कृतियों को प्रेरित किया है। शास्त्रीय तमिल साहित्य में, मीनाक्षी को कई कविताओं और भजनों में सराहा गया है, जो उनकी सुंदरता, शक्ति और दिव्यता की प्रशंसा करते हैं। उनके प्रति समर्पित भक्ति गीत, जिन्हें मीनाक्षी पादल्गल कहा जाता है, तमिल धार्मिक और सांस्कृतिक विरासत का एक महत्वपूर्ण हिस्सा हैं, जो मंदिरों और उत्सवों के दौरान गाए जाते हैं।

नृत्य के क्षेत्र में, मीनाक्षी की कथा भरतनाट्यम, तमिलनाडु के शास्त्रीय नृत्य रूप, में एक लोकप्रिय विषय रही है। नर्तक उनके जीवन की घटनाओं को दर्शाते हैं, उनकी वीरता, कृपा और शिव के साथ उनके दिव्य मिलन को अभिव्यक्तिकारी आंदोलनों और जटिल नृत्य संयोजन के माध्यम से चित्रित करते हैं। ये प्रदर्शन न केवल देवी की पूजा करते हैं, बल्कि सांस्कृतिक और धार्मिक कथाओं को भावी पीढ़ियों तक पहुंचाने का माध्यम भी बनते हैं।

मंदिर कला, चित्रों और मूर्तियों में मीनाक्षी का दृश्य रूपांकन उनकी हिंदू प्रतीकात्मकता में महत्व को और अधिक प्रकट करता है। उन्हें आम तौर पर एक

राजसी आकृति के रूप में चित्रित किया जाता है, जो आभूषणों और शाही पोशाक से सुसज्जित होती हैं, एक हाथ में तोता और दूसरे में फूलों का गुच्छा थामे हुए। यह छवि उनके सौंदर्य, कृपा और प्रकृति से उनके संबंध का प्रतीक है। तोता, जिसे अक्सर कामदेव, प्रेम के देवता से जोड़ा जाता है, मीनाक्षी की एक प्रिय और पूजनीय देवी के रूप में भूमिका का प्रतीक है, जबकि फूल प्रजनन क्षमता और समृद्धि का प्रतिनिधित्व करते हैं।

मीनाक्षी की कथा स्थानीय परंपराओं और व्यापक हिंदू पौराणिक कथाओं के बीच की परस्पर क्रिया को भी उजागर करती है। यद्यपि उनकी पूजा मुख्य रूप से तमिलनाडु में की जाती है, उनकी कथा और प्रतीकात्मकता हिंदू धर्म के व्यापक विषयों के साथ प्रतिध्वनित होती है, जैसे कि दिव्य स्त्रीत्व, शिव और शक्ति का मिलन, और देवी की एक रक्षक और पालक के रूप में भूमिका। यह आपसी संबंध हिंदू धर्म की गतिशील और समावेशी प्रकृति को दर्शाता है, जहां स्थानीय देवता और परंपराएं धार्मिक और सांस्कृतिक विश्वासों के व्यापक ताने-बाने में एकीकृत हो जाती हैं।

आधुनिक समय में, मीनाक्षी की विरासत मदुरै और उससे आगे के विभिन्न पहलुओं को प्रेरित और प्रभावित करती है। उनकी कथा महिला नेतृत्व की स्थायी शक्ति और अपने समुदाय की देखभाल और सुरक्षा के महत्व की याद दिलाती है। मीनाक्षी द्वारा व्यक्त किए गए मूल्य—शक्ति, बुद्धिमत्ता, करुणा और न्याय—आज भी प्रासंगिक और प्रेरणादायक बने हुए हैं, जो व्यक्तियों और समाज को मूल्यवान सबक प्रदान करते हैं।

मीनाक्षी का मदुरै की रानी और दिव्य रक्षक के रूप में भूमिका इस बात को रेखांकित करती है कि नेतृत्व को मजबूत और करुणामय दोनों होना चाहिए। उनका उदाहरण नेताओं को दृढ़ता और सहानुभूति के साथ संतुलन बनाने, निष्पक्षता के साथ न्याय का संचालन करने और अपने समुदायों की रक्षा और पोषण करने के लिए प्रेरित करता है। यह नेतृत्व का मॉडल विशेष रूप से एक ऐसी दुनिया में महत्वपूर्ण है, जहां असमानता, संघर्ष और पर्यावरणीय गिरावट जैसी चुनौतियों के समाधान साहसी और करुणामय दोनों होने चाहिए।

इसके अलावा, मीनाक्षी का मदुरै के साथ संबंध सांस्कृतिक विरासत के महत्व

और ऐतिहासिक और धार्मिक परंपराओं को संरक्षित और मनाने की आवश्यकता को रेखांकित करता है। शहर की पहचान देवी के साथ गहराई से जुड़ी हुई है, और मीनाक्षी अम्मन मंदिर और उसकी रस्मों को संरक्षित करना क्षेत्र की सांस्कृतिक और आध्यात्मिक जीवंतता को बनाए रखने के लिए आवश्यक है। मंदिर को यूनेस्को विश्व धरोहर स्थल के रूप में संरक्षित और बढ़ावा देने के प्रयास इसके महत्व की मान्यता और इसे भविष्य की पीढ़ियों के लिए संरक्षित करने की आवश्यकता को दर्शाते हैं।

मीनाक्षी की कथा धार्मिक और सांस्कृतिक कथाओं में महिलाओं की भूमिका पर भी प्रकाश डालती है। महिला देवियों और नेताओं का सम्मान करके, हिंदू धर्म दिव्य और मानवीय अनुभव पर एक समृद्ध और विविध दृष्टिकोण प्रदान करता है। मीनाक्षी की कथा पारंपरिक लिंग भूमिकाओं को चुनौती देती है और यह दिखाती है कि महिलाएं शक्ति, बुद्धिमत्ता और नेतृत्व को अपना सकती हैं। उनकी पूजा महिलाओं को अपनी दिव्य क्षमता से जुड़ने और देवी के उदाहरण में प्रेरणा पाने के लिए एक स्थान प्रदान करती है।

मीनाक्षी, मदुरै की रानी, दिव्य और शाही शक्ति के आदर्श मेल का प्रतिनिधित्व करती हैं, जो शक्ति, सौंदर्य, करुणा और बुद्धिमत्ता के गुणों को समेटे हुए हैं। उनकी कथा महिला नेतृत्व की स्थायी शक्ति और अपने समुदाय की देखभाल और सुरक्षा के महत्व का प्रमाण है। उनकी पूजा, कला, साहित्य और सांस्कृतिक प्रथाओं के माध्यम से, मीनाक्षी व्यक्तियों और समाज को प्रेरित और प्रभावित करती रहती हैं, नेतृत्व और जीवन में संतुलन, न्याय और करुणा के महत्व पर मूल्यवान पाठ प्रदान करती हैं। योद्धा रानी और एक दयालु माता देवी के रूप में उनकी विरासत हिंदू धर्म में दिव्य स्त्रीत्व की समृद्धि और गहराई को रेखांकित करती है, जो मानवता को बनाए रखने और ऊपर उठाने वाले शाश्वत मूल्यों की याद दिलाती है।

12

कामाख्या: इच्छा और प्रजनन की देवी

कामाख्या, इच्छा और प्रजनन की देवी, हिंदू पौराणिक कथाओं और धार्मिक प्रथाओं में एक अनूठी और शक्तिशाली भूमिका निभाती हैं। उनका मुख्य रूप से पूजन असम, भारत के नीलाचल पहाड़ियों में स्थित कामाख्या मंदिर में किया जाता है। कामाख्या की कथा और प्रतीकात्मकता स्त्री ऊर्जा, यौन इच्छा, प्रजनन और प्रकृति की सृजनात्मक शक्तियों के गहन पहलुओं को समाहित करती है। उनके पूजन में तांत्रिक प्रथाओं की गहरी जड़ें हैं, जो इच्छा और जीवन एवं प्रजनन के चक्रीय स्वरूप की पवित्रता का उत्सव मनाती हैं। भारत के आध्यात्मिक परिदृश्य में कामाख्या की उपस्थिति हिंदू धर्म में दिव्य स्त्री के जटिल और सूक्ष्म समझ को दर्शाती है।

कामाख्या को अक्सर योनि से जोड़ा जाता है, जो उनके पूजन में एक केंद्रीय प्रतीक है और सृजन के स्रोत का प्रतिनिधित्व करता है। किंवदंती के अनुसार, कामाख्या की कहानी सती से जुड़ी हुई है, जो शिव की पहली पत्नी थीं। सती के पिता, राजा दक्ष, ने सती और शिव के विवाह को अस्वीकार कर दिया और एक भव्य यज्ञ का आयोजन किया, जिसमें उन्होंने इस युगल को आमंत्रित नहीं किया। अपमानित और दुःखी होकर, सती ने यज्ञ की अग्नि में आत्मदाह कर लिया। उनकी मृत्यु से क्रोधित होकर, शिव ने सती के जले हुए शरीर को उठाया और तांडव किया, जो विनाश का एक ब्रह्मांडीय नृत्य है। शिव को शांत करने और अधिक विनाश से रोकने के लिए, विष्णु ने अपने सुदर्शन चक्र का उपयोग करके सती के शरीर को

इक्यावन भागों में विभाजित कर दिया, जो पृथ्वी पर गिरकर शक्तिपीठ बन गए। सती की योनि नीलाचल पहाड़ी पर गिरी, और उसी स्थान पर कामाख्या मंदिर की स्थापना हुई, जिससे यह सबसे प्रतिष्ठित शक्तिपीठों में से एक बन गया।

कामाख्या मंदिर, जो एक प्रमुख तीर्थस्थल है, अपनी पूजा के केंद्र में योनि के पूजन पर ध्यान केंद्रित करने के लिए अद्वितीय है। मंदिर में देवी की कोई मूर्ति नहीं है; इसके बजाय, गर्भगृह में योनि के आकार का एक प्राकृतिक पत्थर है, जो स्त्रीलिंग की सृजनात्मक और उत्पादक शक्ति का प्रतीक है। यह पत्थर एक प्राकृतिक झरने द्वारा गीला रखा जाता है, जो प्रजनन और पानी की जीवनदायिनी गुणों के विषय को उजागर करता है। योनि को एक पवित्र प्रतीक के रूप में स्थापित करना महिला यौनिकता के उत्सव और प्रकृति की सृजनात्मक शक्तियों को मान्यता देने पर जोर देता है।

कामाख्या को इच्छा की देवी के रूप में पूजा जाता है और उन्हें अक्सर प्रकृति की मौलिक शक्तियों और प्रजनन के चक्रों से जोड़ा जाता है। उनके पूजन में तांत्रिक प्रथाओं का गहरा समावेश है, जो शारीरिक इच्छाओं की स्वीकृति और उनके परे जाने को आध्यात्मिक ज्ञान प्राप्त करने के मार्ग के रूप में मानते हैं। तंत्र शरीर और इसकी इच्छाओं को पवित्र मानता है, और अनुष्ठानों और ध्यान के माध्यम से, साधक शारीरिक और आध्यात्मिक पहलुओं के बीच सामंजस्य स्थापित करने का प्रयास करते हैं। कामाख्या, इच्छा के प्रतीक के रूप में, उस जीवन शक्ति (शक्ति) का प्रतिनिधित्व करती हैं जो समस्त सृष्टि को प्रेरित करती है और भक्तों को उनकी इच्छाओं को स्वीकार करने और उन्हें आध्यात्मिक विकास की ओर ले जाने के लिए प्रोत्साहित करती हैं।

अंबुबाची मेला, कामाख्या मंदिर में मनाया जाने वाला एक वार्षिक त्योहार, देवी के रजस्वला होने का उत्सव मनाता है, जो पृथ्वी की उर्वरता और स्त्रीलिंग की सृजनात्मक शक्ति का प्रतीक है। इस समय के दौरान, मंदिर तीन दिनों के लिए बंद रहता है ताकि देवी विश्राम कर सकें, और यह माना जाता है कि पृथ्वी विशेष रूप से उर्वर और सशक्त हो जाती है। चौथे दिन मंदिर फिर से खुलता है और भक्तों को देवी का आशीर्वाद प्राप्त करने की अनुमति दी जाती है। यह उत्सव हजारों तीर्थयात्रियों को आकर्षित करता है, जो कामाख्या को सम्मानित करने और प्रजनन, समृद्धि और आध्यात्मिक विकास के लिए उनका आशीर्वाद प्राप्त करने

आते हैं। कामाख्या के रजस्वला होने का उत्सव महिला शरीर और उसके प्राकृतिक चक्रों की पवित्रता को रेखांकित करता है, मासिक धर्म के आसपास की सामाजिक वर्जनाओं को चुनौती देता है और इसकी आध्यात्मिक महत्ता को स्वीकार करता है।

कामाख्या का प्रजनन से जुड़ाव केवल मानव प्रजनन तक ही सीमित नहीं है, बल्कि यह भूमि की उर्वरता और प्रकृति के चक्रों को भी समाहित करता है। देवी को अक्सर किसानों द्वारा एक समृद्ध फसल की कामना के लिए और दंपत्तियों द्वारा संतान प्राप्ति की प्रार्थना के लिए पूजित किया जाता है। ऐसा माना जाता है कि उनके आशीर्वाद जीवन की समृद्धि और निरंतरता सुनिश्चित करते हैं, जो मानव अस्तित्व और प्राकृतिक संसार के आपसी संबंध को दर्शाता है। कामाख्या को समर्पित अनुष्ठान और भेंट जीवन को बनाए रखने वाली प्रकृति की शक्तियों का सम्मान और आदर करने की आवश्यकता पर जोर देते हैं।

कामाख्या का प्रतीकवाद परिवर्तन और पुनर्जनन के विषयों को भी छूता है। जैसे प्रजनन के चक्रों में निष्क्रियता और पुनर्नवीनीकरण की अवधि शामिल होती है, वैसे ही कामाख्या की पूजा परिवर्तन की अनिवार्यता और पुनर्जन्म की संभावना को स्वीकार करती है। उनकी पूजा भक्तों को इच्छा की परिवर्तनकारी शक्ति को अपनाने और चुनौतियों और बाधाओं को विकास और नवीकरण के अवसर के रूप में देखने के लिए प्रोत्साहित करती है। यह दृष्टिकोण तांत्रिक दर्शन के साथ मेल खाता है, जो जीवन के उन सभी पहलुओं को, जिन्हें अक्सर हाशिये पर रखा जाता है या दबा दिया जाता है, आध्यात्मिक यात्रा का अभिन्न अंग मानता है।

कामाख्या, इच्छा और प्रजनन की देवी के रूप में, महिला एजेंसी और सशक्तिकरण के महत्व को भी उजागर करती हैं। ऐसे सांस्कृतिक संदर्भ में, जहां महिलाओं की यौन इच्छाओं को अक्सर प्रतिबंधित या नियंत्रित किया गया है, कामाख्या की पूजा महिला शक्ति के उत्सव और पुष्टि के लिए एक स्थान प्रदान करती है। देवी का स्वतंत्र और शक्तिशाली स्वरूप महिलाओं को अपनी इच्छाओं को अपनाने और अपनी स्वायत्तता को व्यक्त करने के लिए प्रेरणा का स्रोत है। यह सशक्तिकरण मंदिर की प्रथाओं में झलकता है, जिसमें अक्सर महिला पुजारियों और साधकों की केंद्रीय भूमिका होती है, जो देवी के पूजन और उत्सव का नेतृत्व करती हैं।

कामाख्या से प्रेरित कलात्मक और सांस्कृतिक अभिव्यक्तियाँ उनके महत्व को भारत के आध्यात्मिक और सांस्कृतिक जीवन में और भी स्पष्ट करती हैं। उनकी कहानी और प्रतीकात्मकता को विभिन्न कला रूपों, साहित्य और प्रदर्शन में दर्शाया गया है। भरतनाट्यम और ओडिसी जैसे पारंपरिक नृत्य रूपों में कामाख्या की शक्ति और सौंदर्य का जश्न मनाने वाले कथानक अक्सर शामिल होते हैं। लोकगीत और भक्तिपूर्ण भजन उन्हें दयालु माता और शक्तिशाली देवी के रूप में प्रशंसा करते हैं, जो अपने भक्तों की इच्छाओं को पूरा करती हैं। ये कलात्मक अभिव्यक्तियाँ न केवल कामाख्या को सम्मानित करती हैं बल्कि उनकी शिक्षाओं और मूल्यों को आने वाली पीढ़ियों तक पहुँचाती हैं।

कामाख्या का प्रभाव असम की सीमाओं से परे फैला हुआ है, और यह भारत और उससे बाहर के भक्तों और आध्यात्मिक साधकों के साथ गूंजता है। उनकी पूजा तांत्रिक सिद्धांतों को समाहित करती है, जो भौतिक और आध्यात्मिक, पवित्र और सांसारिक को अस्तित्व के आपस में जुड़े पहलुओं के रूप में स्वीकार करती है। आध्यात्मिकता के प्रति यह समग्र दृष्टिकोण द्वैतवादी धारणाओं को चुनौती देता है, जो शरीर और आत्मा, इच्छा और पवित्रता को अलग करती हैं, और जीवन के सभी पहलुओं की एकता पर जोर देती हैं। कामाख्या की शिक्षाएँ इच्छा को एक स्वाभाविक और शक्तिशाली शक्ति के रूप में गहन समझ को प्रोत्साहित करती हैं, जो यदि उपयुक्त रूप से निर्देशित हो, तो आध्यात्मिक जागरण और पूर्ति की ओर ले जा सकती है।

आधुनिक समय में कामाख्या का महत्व विशेष रूप से लिंग, यौनिकता और महिलाओं के सशक्तिकरण के आसपास की चर्चाओं के संदर्भ में प्रासंगिक है। उनकी पूजा पितृसत्तात्मक मानदंडों को चुनौती देती है और महिला यौनिकता को पवित्र और सशक्त बनाने के लिए एक ढाँचा प्रदान करती है। मंदिर का योनि को रचनात्मक शक्ति के प्रतीक के रूप में महत्व समाज में महिलाओं की यौनिकता और मासिक धर्म से संबंधित वर्जनाओं और कलंक को चुनौती देता है। कामाख्या को सम्मानित करके, भक्त महिला शरीर और उसके प्राकृतिक कार्यों के मूल्य और गरिमा की पुष्टि करते हैं, जो लिंग और यौनिकता की एक अधिक समावेशी और सम्मानजनक समझ को बढ़ावा देता है।

कामाख्या की कहानी यह भी उजागर करती है कि प्राकृतिक दुनिया का सम्मान

और संरक्षण करना कितना महत्वपूर्ण है। उनका प्रकृति के चक्रों और पृथ्वी की उर्वरता से जुड़ाव मानव जीवन और पर्यावरण के आपसी संबंध को रेखांकित करता है। कामाख्या को समर्पित अनुष्ठान और उत्सव अक्सर फूल, फल, और अन्य प्राकृतिक उत्पादों की भेंट शामिल करते हैं, जो पृथ्वी और इसकी समृद्धि के प्रति गहरी श्रद्धा को दर्शाते हैं। यह पारिस्थितिक चेतना समकालीन पर्यावरणीय चुनौतियों के सामने विशेष रूप से प्रासंगिक है, जो हमें प्रकृति के साथ एक सामंजस्यपूर्ण और स्थायी संबंध विकसित करने की आवश्यकता की याद दिलाती है।

कामाख्या की पूजा सामुदायिकता और सामूहिक उत्सव के महत्व पर भी जोर देती है। अंबुबाची मेले जैसे उत्सव विभिन्न पृष्ठभूमियों के लोगों को एक साथ लाते हैं, जो एकता और साझा उद्देश्य की भावना को बढ़ावा देते हैं। कामाख्या की पूजा से जुड़े सामूहिक अनुष्ठान और प्रथाएँ सामुदायिक अभिव्यक्ति और समर्थन के लिए एक स्थान बनाते हैं, सामुदायिक संबंधों को सुदृढ़ करते हैं और दिव्य स्त्री को सम्मान देने के लिए साझा प्रतिबद्धता को मजबूत करते हैं। यह सामुदायिक भावना कामाख्या से जुड़े आध्यात्मिक और सांस्कृतिक परंपराओं को बनाए रखने के लिए और एक अधिक समावेशी और दयालु समाज को बढ़ावा देने के लिए आवश्यक है।

कामाख्या, इच्छा और प्रजनन की देवी, स्त्रीलिंग दिव्यता की गहन और परिवर्तनकारी शक्ति को समाहित करती हैं। उनकी पूजा, तांत्रिक प्रथाओं में निहित, इच्छा की पवित्रता और प्रजनन के उन चक्रों का उत्सव मनाती है जो जीवन को बनाए रखते हैं। योनि को सृजनात्मक शक्ति के प्रतीक के रूप में केंद्रित करके कामाख्या मंदिर सामाजिक वर्जनाओं को चुनौती देता है और महिला यौनिकता और एजेंसी के मूल्य की पुष्टि करता है। कामाख्या की शिक्षाएँ आध्यात्मिकता के प्रति एक समग्र दृष्टिकोण प्रदान करती हैं, जो अस्तित्व के शारीरिक और आध्यात्मिक पहलुओं की एकता पर जोर देती हैं। लिंग, यौनिकता और पारिस्थितिक चेतना के आसपास की समकालीन चर्चाओं में उनकी प्रासंगिकता उनकी कहानी और प्रतीकवाद के स्थायी महत्व को उजागर करती है। कामाख्या का सम्मान करके, भक्त इच्छा की पवित्रता, महिला सशक्तिकरण के महत्व, और प्राकृतिक दुनिया के साथ एक सम्मानजनक और टिकाऊ संबंध विकसित करने की आवश्यकता की पुष्टि करते हैं।

"सीता, सद्गुण और भक्ति की प्रतीक, धार्मिकता और नैतिकता का उदाहरण प्रस्तुत करती हैं। उनका जीवन धैर्य और धर्म के प्रति अडिग समर्पण में एक गहन शिक्षा है। वह प्रेरणा और श्रद्धा की एक स्थायी प्रतीक बनी हुई हैं।"

৩৩

13

संतोषी माता: संतोष और तृप्ति की देवी

संतोषी माता, संतोष और तृप्ति की देवी, हिंदू देवताओं के पंथ में अपेक्षाकृत नई हैं, लेकिन वह जल्दी ही प्रिय और व्यापक रूप से पूजनीय देवी बन गई हैं। उनके नाम "संतोषी" का अर्थ है "संतोष" या "तृप्ति," जो उनके उन भक्तों को शांति, खुशी और संतोष प्रदान करने वाली देवी की भूमिका को दर्शाता है। संतोषी माता की पूजा, जो विशेष रूप से महिलाओं में लोकप्रिय है, पारिवारिक सामंजस्य, व्यक्तिगत संतोष और आध्यात्मिक कल्याण के विषयों को उजागर करती है। उनकी कहानी और उनकी पूजा से जुड़े अनुष्ठान भक्ति, धैर्य और कृतज्ञता के मूल्यों में अंतर्दृष्टि प्रदान करते हैं।

संतोषी माता की उत्पत्ति अन्य प्राचीन देवताओं की तुलना में आधुनिक मानी जाती है, और उनकी व्यापक पूजा 20वीं सदी के उत्तरार्ध में प्रसिद्ध हुई। उनकी लोकप्रियता में वृद्धि का श्रेय अक्सर 1975 की बॉलीवुड फिल्म "जय संतोषी मां" को दिया जाता है, जिसमें उन्हें एक शक्तिशाली और करुणामयी देवी के रूप में चित्रित किया गया था, जो अपने भक्तों की इच्छाओं को पूरा करती हैं। फिल्म की अपार सफलता ने संतोषी माता को पूरे भारत में लोकप्रिय बनाया, जिसके परिणामस्वरूप उनके नाम पर कई मंदिरों की स्थापना हुई और उनके सम्मान में अनुष्ठानों और व्रतों का व्यापक रूप से पालन किया गया।

फिल्म और विभिन्न लोक कथाओं में लोकप्रिय मिथकीय कथा के अनुसार,

संतोषी माता भगवान गणेश की पुत्री हैं, जो बुद्धि के देवता और बाधाओं को दूर करने वाले माने जाते हैं। उन्हें एक दयालु और परोपकारी देवी के रूप में चित्रित किया गया है, जो अपने भक्तों के लिए खुशी और संतोष लाती हैं। कहानियाँ अक्सर उनकी क्षमता को पारिवारिक संघर्षों को सुलझाने, समृद्धि प्रदान करने और अपने भक्तों के कल्याण को सुनिश्चित करने पर जोर देती हैं। गणेश के साथ संतोषी माता का संबंध उन्हें बाधाओं को दूर करने वाली और संतोष प्रदान करने वाली देवी के रूप में स्थापित करता है।

संतोषी माता से जुड़ा मुख्य अनुष्ठान "संतोषी माता व्रत" है, जिसे शुक्रवार को किया जाता है। भक्त, विशेष रूप से महिलाएँ, व्यक्तिगत और पारिवारिक खुशी के लिए देवी का आशीर्वाद प्राप्त करने हेतु यह व्रत रखती हैं। इस अनुष्ठान में खट्टे और अम्लीय खाद्य पदार्थों से परहेज करना शामिल है, क्योंकि यह माना जाता है कि ये खाद्य पदार्थ संतोषी माता को अप्रिय लगते हैं। इसके बजाय, भक्त देवी को गुड़ और चने का साधारण भोजन चढ़ाते हैं। व्रत आमतौर पर सोलह लगातार शुक्रवार तक रखा जाता है, जिसके दौरान भक्त "संतोषी माता कथा" पढ़ते या सुनते हैं, जो देवी के गुणों, चमत्कारों और भक्ति के फल को दर्शाती है।

संतोषी माता व्रत कथा में अक्सर भक्ति और विश्वास की परिवर्तनकारी शक्ति को उजागर किया जाता है। यह एक गरीब महिला की कहानी बताती है, जो कई कठिनाइयों और अपने ससुराल वालों द्वारा दुर्व्यवहार के बावजूद संतोषी माता के प्रति अपनी भक्ति में अडिग रहती है। अपने अटूट विश्वास और शुक्रवार व्रत के पालन के माध्यम से, वह अंततः खुशी, समृद्धि और अपने परिवार में सामंजस्य प्राप्त करती है। यह कथा धैर्य, दृढ़ता और इस विश्वास को सुदृढ़ करती है कि देवी के प्रति सच्ची भक्ति पूर्णता और संतोष की ओर ले जाएगी।

संतोषी माता की लोकप्रियता उनके सुलभता और उनकी पूजा की सरलता में निहित है। कुछ देवी-देवताओं के विपरीत, जिनकी पूजा में विस्तृत अनुष्ठान और शास्त्रों के व्यापक ज्ञान की आवश्यकता होती है, संतोषी माता को सरल और हार्दिक भक्ति के साथ पूजा जा सकता है। इस सुलभता ने उन्हें विभिन्न सामाजिक-आर्थिक पृष्ठभूमि की महिलाओं के बीच व्यापक रूप से लोकप्रिय बनाया है। उनकी पूजा सशक्तिकरण और आशा की भावना प्रदान करती है, जिससे भक्तों को अपनी चुनौतियों को दूर करने और संतोष और शांति की भावना

प्राप्त करने का साधन मिलता है।

संतोष और कृतज्ञता के विषय संतोषी माता की पूजा के केंद्र में हैं। एक ऐसे संसार में, जहाँ इच्छाएँ और आकांक्षाएँ अक्सर असंतोष और अशांति का कारण बनती हैं, संतोषी माता की शिक्षाएँ इस बात पर जोर देती हैं कि जो कुछ भी है उसकी सराहना करें और वर्तमान क्षण में खुशी पाएँ। ऐसा माना जाता है कि उनके आशीर्वाद केवल भौतिक समृद्धि ही नहीं लाते, बल्कि एक गहन आंतरिक शांति और पूर्णता की भावना भी लाते हैं। यह संतोष पर ध्यान हिंदू धर्म में व्यापक आध्यात्मिक शिक्षाओं के साथ मेल खाता है, जो भौतिक इच्छाओं से अलगाव और एक आभारी हृदय की खेती के लिए प्रोत्साहित करती हैं।

संतोषी माता की पूजा परिवार और घरेलू सामंजस्य के महत्व को भी उजागर करती है। कई भक्त उनके आशीर्वाद से अपने परिवारों में संघर्षों को सुलझाने, संबंधों में सुधार और अपने प्रियजनों के कल्याण को सुनिश्चित करने की कामना करते हैं। देवी की भूमिका परिवार में सामंजस्य की रक्षक के रूप में उस सांस्कृतिक संदर्भ में गहराई से गूँजती है, जहाँ पारिवारिक बंधनों को अत्यधिक महत्व दिया जाता है। उनकी कहानी और अनुष्ठान धैर्य, समझ और परस्पर सम्मान को सामंजस्यपूर्ण संबंध बनाए रखने के लिए आवश्यक बताते हैं।

आधुनिक युग में संतोषी माता की पूजा का उत्थान हिंदू आध्यात्मिकता के विकासशील स्वरूप को भी प्रतिबिंबित करता है। उनके अपेक्षाकृत हाल के उद्भव और हिंदू देवताओं के पंथ में उनकी तीव्र स्वीकृति हिंदू धर्म की गतिशील और समावेशी प्रकृति को प्रदर्शित करती है, जो अपने अनुयायियों की आध्यात्मिक आवश्यकताओं को पूरा करने के लिए लगातार विकसित होती रहती है। संतोषी माता की कहानी और उनकी पूजा की सरलता उनके भक्तों के दैनिक जीवन के साथ प्रतिध्वनित होती है, कठिनाइयों के समय में आशा और सांत्वना की भावना प्रदान करती है।

संतोषी माता को समर्पित मंदिर पूरे भारत में स्थापित किए गए हैं, जो भक्ति और सामुदायिक सभाओं के केंद्र के रूप में कार्य करते हैं। ये मंदिर विशेष रूप से शुक्रवार को गतिविधियों से भरे रहते हैं, जब भक्त एकत्रित होकर शुक्रवार का व्रत करते हैं, प्रार्थनाएँ करते हैं और देवी का आशीर्वाद प्राप्त करते हैं। उनकी पूजा का

सामुदायिक पहलू भक्तों के बीच एकजुटता और साझा विश्वास की भावना को बढ़ावा देता है, सामूहिक पूजा और समुदाय के मूल्यों को सुदृढ़ करता है।

संतोषी माता का प्रभाव धार्मिक प्रथाओं से आगे बढ़कर विभिन्न सांस्कृतिक अभिव्यक्तियों तक फैला हुआ है। उनके गुणों का उत्सव मनाने वाले भक्ति गीत, भजन और लोक कथाएँ उनके अनुयायियों के बीच लोकप्रिय हैं। ये सांस्कृतिक अभिव्यक्तियाँ हिंदू भक्ति साहित्य और संगीत की समृद्ध परंपरा में योगदान करती हैं। ये अभिव्यक्तियाँ न केवल देवी की शिक्षाओं और कथाओं को आने वाली पीढ़ियों तक पहुँचाती हैं, बल्कि उनकी पूजा की निरंतरता और उनके द्वारा दर्शाए गए मूल्यों को सुनिश्चित करती हैं।

आधुनिक समय में संतोषी माता की पूजा तेज़ गति वाले और उपभोक्ता-चालित समाज की चुनौतियों का सामना करने में विशेष प्रासंगिकता रखती है। यह समाज अक्सर तनाव, चिंता और असंतोष की भावना उत्पन्न करता है। संतोषी माता की संतोष, कृतज्ञता और भक्ति की शिक्षाएँ इन दबावों का एक संतुलन प्रदान करती हैं, व्यक्तियों को अपने भीतर और अपने संबंधों में शांति और संतोष खोजने के लिए प्रोत्साहित करती हैं। उनकी पूजा मानसिक और भावनात्मक कल्याण को बढ़ावा देती है, जिससे एक संतुष्ट और आभारी हृदय का विकास होता है।

इसके अतिरिक्त, संतोषी माता की सरल और ईमानदार भक्ति पर जोर देने वाली पूजा समावेशी और सुलभ आध्यात्मिक प्रथाओं में बढ़ती रुचि के साथ प्रतिध्वनित होती है। जैसे-जैसे लोग दिव्यता से जुड़ने और अपने दैनिक जीवन में सांत्वना पाने के अर्थपूर्ण तरीकों की तलाश करते हैं, संतोषी माता की पूजा एक व्यावहारिक और हार्दिक आध्यात्मिकता का मार्ग प्रदान करती है। उनकी शिक्षाएँ भक्तों को याद दिलाती हैं कि सच्चा संतोष भौतिक संपत्ति के संग्रह से नहीं, बल्कि गहरी कृतज्ञता और आंतरिक शांति से आता है।

संतोषी माता की कहानी विश्वास की परिवर्तनकारी शक्ति और यह विश्वास रेखांकित करती है कि दैवीय हस्तक्षेप सकारात्मक बदलाव ला सकता है। कई भक्तों के लिए, उनकी पूजा आशा और प्रेरणा का स्रोत है, जो जीवन की चुनौतियों का सामना करने में एक प्रकार की शक्ति और सशक्तिकरण प्रदान करती है। देवी में अपना विश्वास रखकर और उनकी शिक्षाओं का पालन करके, भक्त बाधाओं

को दूर करने और अपनी आकांक्षाओं को प्राप्त करने की शक्ति पाते हैं।

संतोषी माता, संतोष और तृप्ति की देवी, संतोष, कृतज्ञता और पारिवारिक सामंजस्य के मूल्यों को समाहित करती हैं। उनकी पूजा, जो सरल और हार्दिक भक्ति से युक्त है, आंतरिक शांति और पूर्णता प्राप्त करने का एक मार्ग प्रदान करती है। उनके उदय और उनकी पूजा से जुड़े अनुष्ठानों की कहानी हिंदू आध्यात्मिकता की गतिशील और समावेशी प्रकृति को दर्शाती है, जो अपने अनुयायियों की बदलती आवश्यकताओं के अनुकूल होती रहती है। आधुनिक संसार में, जो निरंतर इच्छाओं और दबावों से चिह्नित है, संतोषी माता की शिक्षाएँ इस बात की कालातीत याद दिलाती हैं कि जो कुछ भी है उसकी सराहना करना, सामंजस्यपूर्ण संबंधों को पोषित करना और एक आभारी हृदय का विकास करना कितना महत्वपूर्ण है। उनके आशीर्वादों के माध्यम से, भक्त जीवन की चुनौतियों को नेविगेट करने और संतोष और कल्याण की गहरी भावना प्राप्त करने की शक्ति पाते हैं।

"पार्वती, कोमल मां और पोषणकर्ता, प्रेम, करुणा और संतुलन की प्रतीक हैं। उनकी भक्ति और दृढ़ता यह दर्शाती है कि अपने प्रियजनों की देखभाल और सुरक्षा करना कितना महत्वपूर्ण है। उनके माध्यम से हम धैर्य और प्रेम के मूल्यों को सीखते हैं।"

14

चंडी: शक्ति का प्रचंड रूप

चंडी, शक्ति का प्रचंड रूप, दिव्य स्त्रीलिंग की अपरिमित और असीम शक्ति का प्रतीक हैं। वह हिंदू पौराणिक कथाओं की सबसे भयंकर देवियों में से एक हैं, जो देवी के उस प्रचंड स्वरूप का प्रतिनिधित्व करती हैं जो बुराई के खिलाफ लड़ती है और ब्रह्मांडीय संतुलन को पुनर्स्थापित करती है। उनकी कहानी मुख्य रूप से *देवी महात्म्य* में वर्णित है, जो *मार्कंडेय पुराण* का एक ग्रंथ है और अंधकार की शक्तियों के खिलाफ उनकी वीरता और पराक्रम का गुणगान करता है। चंडी, जिन्हें दुर्गा या महिषासुरमर्दिनी के नाम से भी जाना जाता है, अच्छाई की बुराई पर विजय और ब्रह्मांड की परम रक्षक का प्रतीक हैं।

चंडी की उत्पत्ति देवी या शक्ति की व्यापक कथा से जुड़ी हुई है। *देवी महात्म्य*, जिसे *चंडी पाठ* या *दुर्गा सप्तशती* के नाम से भी जाना जाता है, देवी की शक्ति और महिमा का उत्सव मनाने वाला एक महत्वपूर्ण ग्रंथ है। इसी में चंडी की कथा विस्तार से प्रस्तुत की गई है। यह ग्रंथ तीन भागों में विभाजित है, जिनमें देवी द्वारा विभिन्न राक्षसों के खिलाफ लड़ी गई लड़ाइयों का वर्णन किया गया है। इन कथाओं के माध्यम से चंडी का प्रचंड और अडिग स्वभाव उजागर होता है, जो उन्हें शक्ति (शक्ति) का परम अवतार बनाता है, वह दिव्य स्त्री ऊर्जा जो ब्रह्मांड को सक्रिय करती है और बनाए रखती है।

चंडी से जुड़ी सबसे प्रसिद्ध और महत्वपूर्ण कहानी उनकी महिषासुर, भैंस राक्षस,

के साथ लड़ाई की है। महिषासुर ने कठोर तपस्या के माध्यम से ब्रह्मा से एक वरदान प्राप्त किया, जिसने उसे किसी भी पुरुष या देवता के द्वारा अजेय बना दिया। इस वरदान से सशक्त होकर उसने देवताओं के खिलाफ युद्ध छेड़ दिया, उन्हें स्वर्ग से बाहर निकाल दिया और पूरे ब्रह्मांड में अराजकता फैला दी। देवता, महिषासुर की शक्ति के आगे असहाय होकर, ब्रह्मा, विष्णु और शिव के पास सहायता के लिए गए। तीनों देवताओं ने अपनी दिव्य ऊर्जा को मिलाकर एक शक्तिशाली देवी, चंडी को बनाया। देवी का यह प्रचंड रूप, जो प्रत्येक हाथ में एक दिव्य शस्त्र लिए हुए था, महिषासुर को हराने और व्यवस्था को बहाल करने के लिए प्रकट हुआ।

महिषासुर के साथ चंडी की लड़ाई एक नाटकीय और प्रेरणादायक कथा है, जो उनकी प्रचंड शक्ति और अजेय आत्मा को रेखांकित करती है। वह सिंह पर सवार होकर युद्धभूमि में प्रवेश करती हैं, जो साहस और शक्ति का प्रतीक है। उनके कई हाथ, जिनमें से प्रत्येक में देवताओं द्वारा दिया गया एक हथियार है, उनके एक साथ कई खतरों से निपटने की क्षमता को दर्शाते हैं। यह लड़ाई भयंकर और लंबी है, जिसमें महिषासुर हार से बचने के लिए विभिन्न रूपों में बदलता है। लेकिन चंडी अपनी अद्वितीय दक्षता और दिव्य क्रोध के साथ अंततः महिषासुर का वध करती हैं, जिससे ब्रह्मांड में संतुलन और शांति बहाल होती है। इस विजय को विशेष रूप से बंगाल में दुर्गा पूजा के उत्सव के दौरान बड़े उत्साह के साथ मनाया जाता है, जहाँ देवी की अत्यधिक श्रद्धा से पूजा की जाती है।

चंडी की मूर्तिकला उनकी भयंकर प्रकृति को दर्शाने वाले प्रतीकात्मक तत्वों से भरपूर है। उन्हें अक्सर एक उग्र रूप में चित्रित किया जाता है, जिनकी आँखें क्रोध और दृढ़ता से जलती हैं। उनके बाल सामान्यतः बिखरे हुए होते हैं, जो उनके जंगली और अप्रतिबंधित स्वरूप को और प्रबल करते हैं। उनका वाहन सिंह उनके कच्चे बल पर नियंत्रण और उनके निडर स्वभाव का प्रतीक है। उनके हाथों में मौजूद विभिन्न शस्त्र, जैसे त्रिशूल, तलवार, चक्र और धनुष, बुराई के सभी रूपों को नष्ट करने की उनकी क्षमता का प्रतिनिधित्व करते हैं। चंडी का रूप दिव्य स्त्रीलिंग के उस प्रचंड और रक्षक पहलू की याद दिलाता है, जो धर्म (धार्मिकता) को बनाए रखने के लिए विशाल विनाश करने में सक्षम है।

चंडी का महत्व केवल उनकी युद्धक क्षमता तक सीमित नहीं है। वह उत्पीड़ितों

की रक्षक और संकटग्रस्त लोगों के लिए शरणस्थली भी हैं। उनका भयंकर स्वभाव उनके भक्तों के प्रति उनकी करुणा से संतुलित है, जो उनकी रक्षा और आशीर्वाद प्राप्त करने के लिए उनकी शरण में आते हैं। संकट के समय में, भक्त चंडी का आह्वान करते हैं, उनकी शक्तिशाली उपस्थिति का आह्वान करते हैं ताकि भय को दूर किया जा सके और बाधाओं को पार किया जा सके। इस भयंकरता और करुणा की द्वंद्वता उन्हें एक बहुआयामी देवी बनाती है, जो दिव्य स्त्रीलिंग के पोषण और विनाशकारी दोनों पहलुओं को समाहित करती है।

चंडी की पूजा हिंदू धार्मिक प्रथाओं का एक अभिन्न अंग है, विशेष रूप से बंगाल जैसे क्षेत्रों में, जहाँ दुर्गा पूजा एक प्रमुख त्योहार है। इस त्योहार के दौरान, चंडी के रूप में दुर्गा की भव्य मूर्तियाँ बनाई जाती हैं और बड़े भक्ति भाव से पूजा की जाती हैं। इन समारोहों में अनुष्ठान, संगीत, नृत्य और सामुदायिक सभाएँ शामिल होती हैं, जो देवी के गहरे सांस्कृतिक और आध्यात्मिक महत्व को दर्शाती हैं। त्योहार के अंत में मूर्तियों का जल में विसर्जन सृजन और विनाश के चक्रीय स्वरूप का प्रतीक है, जो ब्रह्मांडीय चक्र में चंडी की भूमिका को उजागर करता है।

चंडी से जुड़े दार्शनिक शिक्षाएँ आंतरिक शक्ति और विपरीत परिस्थितियों का सामना करने की क्षमता के महत्व पर जोर देती हैं। उनकी कहानी व्यक्तियों को अपनी आंतरिक शक्ति का दोहन करने और साहस और दृढ़ता के साथ चुनौतियों का सामना करने के लिए प्रेरित करती है। राक्षसों के खिलाफ उनकी लड़ाई उन आंतरिक संघर्षों का प्रतीक है, जिन्हें प्रत्येक व्यक्ति को अपने भय, संदेह और नकारात्मक प्रवृत्तियों के खिलाफ लड़ना पड़ता है। चंडी का आह्वान करके, भक्त अपनी प्रकृति के प्रचंड और लचीले पहलुओं को जागृत करने का प्रयास करते हैं, जिससे वे जीवन की चुनौतियों का आत्मविश्वास और दृढ़ता के साथ सामना कर सकें।

चंडी का योद्धा देवी के रूप में स्वरूप धर्मयुक्त क्रोध के विचार को भी उजागर करता है। हिंदू दर्शन में, क्रोध को सामान्यतः एक नकारात्मक भावना के रूप में देखा जाता है, जो यदि अनियंत्रित छोड़ दी जाए, तो विनाशकारी परिणाम ला सकती है। हालांकि, चंडी का क्रोध धर्मयुक्त और उचित है, जो बुराई और अन्याय की शक्तियों के खिलाफ निर्देशित है। यह भेद महत्वपूर्ण है, क्योंकि यह इस विचार को रेखांकित करता है कि क्रोध, जब एक न्यायपूर्ण कारण के लिए निर्देशित और

ज्ञान द्वारा नियंत्रित होता है, तो अच्छाई के लिए एक शक्तिशाली शक्ति बन सकता है। चंडी सिखाती हैं कि हानिकारक क्रोध से अधिक यह मायने रखता है कि इसे किस तरह और किस दिशा में प्रयोग किया जाता है।

चंडी की कथा अच्छाई और बुराई के बीच के संघर्ष में दैवीय हस्तक्षेप के महत्व को भी रेखांकित करती है। जब देवता महिषासुर को हराने में असमर्थ हो जाते हैं, तो वे सहायता के लिए दिव्य स्त्रीलिंग की ओर रुख करते हैं, जिससे शक्ति की श्रेष्ठता को स्वीकार करते हैं। यह कथा इस विचार को मजबूत करती है कि स्त्रीलिंग सिद्धांत अधीनस्थ नहीं, बल्कि ब्रह्मांडीय व्यवस्था के लिए अनिवार्य और केंद्रीय है। चंडी का हस्तक्षेप दिव्य स्त्रीलिंग की उस अनिवार्य भूमिका का प्रमाण है, जो ब्रह्मांड में संतुलन और सामंजस्य बनाए रखने के लिए आवश्यक है।

चंडी की पूजा भारत तक सीमित नहीं है; उनका प्रभाव उन विभिन्न क्षेत्रों तक फैला हुआ है, जहाँ हिंदू धर्म का प्रसार हुआ है। देवी को समर्पित मंदिर नेपाल, बांग्लादेश और अन्य स्थानों में भी पाए जाते हैं, जहाँ हिंदू आबादी अधिक है। उनकी भयंकर लेकिन सुरक्षात्मक प्रकृति सांस्कृतिक और भौगोलिक सीमाओं में भक्तों के साथ गहराई से गूंजती है, जो उन्हें हिंदू प्रवासी में एक सार्वभौमिक रूप से पूजनीय व्यक्तित्व बनाती है।

चंडी से प्रेरित सांस्कृतिक और कलात्मक अभिव्यक्तियाँ व्यापक और विविध हैं। उनकी कहानी को अनगिनत कला रूपों में चित्रित किया गया है, जिनमें मूर्तिकला, चित्रकला, नृत्य और रंगमंच शामिल हैं। पारंपरिक भारतीय नृत्य रूपों जैसे भरतनाट्यम और कथक में, प्रदर्शन अक्सर चंडी की वीरता और जीत का उत्सव मनाने वाले कथानक शामिल करते हैं। ये प्रदर्शन न केवल देवी को सम्मान देते हैं, बल्कि उनकी कहानियों और शिक्षाओं को आने वाली पीढ़ियों तक पहुँचाने का माध्यम भी बनते हैं।

चंडी को समर्पित साहित्य और कविता, विशेष रूप से भजनों और भक्ति गीतों के रूप में, उनकी पूजा में एक महत्वपूर्ण भूमिका निभाते हैं। *चंडी पाठ* और *दुर्गा सप्तशती* जैसे ग्रंथों का पाठ त्योहारों और अनुष्ठानों के दौरान किया जाता है, जो देवी की उपस्थिति और आशीर्वाद को आमंत्रित करते हैं। ऐसा माना जाता है कि ये

पाठ पर्यावरण को शुद्ध करते हैं, नकारात्मक ऊर्जा को दूर करते हैं और देवी की रक्षक शक्ति का आह्वान करते हैं।

चंडी की कहानी समकालीन समाज के लिए भी मूल्यवान सबक प्रदान करती है। धर्म की उनकी भयंकर रक्षा और उत्पीड़ितों की सुरक्षा व्यक्तियों और समुदायों को अन्याय के खिलाफ खड़े होने और सही के लिए लड़ने के लिए प्रेरित कर सकती है। एक ऐसे संसार में, जहाँ असमानताएँ और चुनौतियाँ प्रचुर मात्रा में हैं, चंडी का उदाहरण साहस, दृढ़ता और विपरीत परिस्थितियों का सामना करने की तत्परता के महत्व की एक शक्तिशाली याद दिलाता है।

इसके अलावा, चंडी के शक्ति के अवतार के रूप में स्वरूप स्त्री सशक्तिकरण और दिव्य स्त्रीलिंग की महत्वपूर्ण भूमिका की पहचान को रेखांकित करता है। उनकी कहानी पितृसत्तात्मक मानदंडों को चुनौती देती है और महिलाओं की ताकत, बुद्धिमत्ता और क्षमता को उजागर करती है। चंडी का उत्सव मनाकर, भक्त स्त्रीत्व के शक्तिशाली और सुरक्षात्मक पहलुओं को स्वीकार करते हैं और उनका सम्मान करते हैं, जो लिंग भूमिकाओं की एक अधिक समावेशी और न्यायपूर्ण समझ को बढ़ावा देता है।

चंडी, शक्ति का प्रचंड रूप, दिव्य स्त्रीलिंग की अजेय शक्ति और सुरक्षात्मक स्वभाव का प्रतिनिधित्व करती हैं। देवी *महात्म्य* जैसे ग्रंथों में वर्णित उनकी कथा अच्छाई और बुराई के बीच के संघर्ष में उनकी भूमिका को उजागर करती है, जिसमें वह परम योद्धा के रूप में बुराई का नाश करती हैं और ब्रह्मांडीय संतुलन को पुनः स्थापित करती हैं। उनकी पूजा के माध्यम से, भक्त उनकी शक्ति, साहस और सुरक्षात्मक आशीर्वाद को आमंत्रित करते हैं। चंडी का महत्व पौराणिक कथाओं से परे है, जो गहन दार्शनिक अंतर्दृष्टि और जीवन की चुनौतियों को नेविगेट करने के लिए व्यावहारिक पाठ प्रदान करता है। उनकी प्रचंड लेकिन करुणामयी प्रकृति दिव्य स्त्रीलिंग के द्वंद्व पहलुओं को समाहित करती है, जो साहस, धर्मयुक्त कार्य और ब्रह्मांड में शक्ति की महत्वपूर्ण भूमिका की मान्यता को प्रेरित करती है। शक्ति के प्रचंड रूप के रूप में चंडी के उत्सव के माध्यम से साहस, न्याय और दिव्य स्त्रीलिंग की सुरक्षात्मक शक्ति के कालातीत मूल्यों का सम्मान और समर्थन किया जाता है।

"काली, भयंकर रक्षक और संहारक, भय और चुनौतियों का सामना करने की परिवर्तनकारी शक्ति का प्रतिनिधित्व करती हैं। उनका भयंकर स्वरूप दिव्यता की अपरिमित ऊर्जा का प्रतीक है। वह हमें सिखाती हैं कि अपने अंधकारमय पक्षों को अपनाकर ही सच्चा परिवर्तन संभव है।"

15

भूमि: पृथ्वी की देवी

भूमि, पृथ्वी की देवी, हिंदू पौराणिक कथाओं में एक केंद्रीय पात्र हैं, जो पृथ्वी के पोषण और जीवन के समर्थन करने वाले पहलुओं का प्रतीक हैं। ग्रह की मानवीकृत स्वरूप के रूप में, भूमि उर्वरता, स्थिरता, और पोषण के गुणों को समाहित करती हैं। उनका भूमिकाएँ ब्रह्मांडीय व्यवस्था में अत्यंत महत्वपूर्ण हैं, क्योंकि वे वह आधार प्रदान करती हैं जिस पर जीवन पनपता है। भूमि का महत्व उनके पौराणिक गुणों से परे है, जो मनुष्यों और पृथ्वी के बीच गहरे सांस्कृतिक और आध्यात्मिक संबंधों को दर्शाता है। उन्हें केवल एक दिव्य सत्ता के रूप में नहीं बल्कि उस भौतिक और आध्यात्मिक आधार के रूप में पूजा जाता है जो सभी अस्तित्व का समर्थन करता है।

हिंदू ब्रह्मांड विज्ञान में, भूमि को अक्सर एक दयालु और पोषणकारी मां के रूप में चित्रित किया जाता है, जो जीवन की प्रदायिका और समर्थिका के रूप में उनकी भूमिका पर जोर देती है। उन्हें अक्सर एक सुंदर स्त्री के रूप में दिखाया जाता है, जो एक कमल पर विराजमान होती हैं, जो पवित्रता और सभी जीवन रूपों की पारस्परिकता का प्रतीक है। उनके हाथों में जड़ी-बूटियों का एक पात्र और अनार होता है, जो उर्वरता, समृद्धि और पृथ्वी की उपचारात्मक क्षमताओं का प्रतिनिधित्व करता है। यह प्रतीकात्मकता कृषि और औषधि में उनकी भूमिका को उजागर करती है, जो मानव अस्तित्व और कल्याण के लिए अनिवार्य हैं।

भूमि से जुड़ी सबसे प्रमुख कथाओं में से एक *रामायण* में उनकी भूमिका है, जहाँ उन्हें सीता, भगवान राम की पत्नी की मां के रूप में दिखाया गया है। महाकाव्य के

अनुसार, राजा जनक ने सीता को एक नवजात शिशु के रूप में खेत जोतते समय एक हल के निशान में पाया था। इस चमत्कारिक जन्म ने सीता को सीधे भूमि से जोड़ा, जो पृथ्वी की जीवन देने वाली शक्ति को उजागर करता है। सीता का अंततः पृथ्वी में लौटना, जब वह कठिनाइयों के वर्षों के बाद अपनी मां की शरण लेती हैं, भूमि और उनके बच्चों के बीच के संबंध को और मजबूत करता है, जो अपनी उत्पत्ति की ओर लौटने का प्रतीक है।

भूमि विष्णु, हिंदू धर्म के प्रमुख देवताओं में से एक, की कथा में भी गहराई से अंतर्निहित हैं। उन्हें लक्ष्मी देवी, विष्णु की पत्नी, के अवतार के रूप में माना जाता है, जो भूदेवी के रूप में प्रकट होती हैं। विभिन्न कथाओं में, भूमि को विष्णु के साथ दिखाया गया है, जहाँ वह ब्रह्मांड के पोषण में एक महत्वपूर्ण भूमिका निभाती हैं। विष्णु के वराह अवतार में, जो उनके दस अवतारों में से एक है, वह भूमि को बचाते हैं, जिसे राक्षस हिरण्याक्ष ने ब्रह्मांडीय महासागर में डुबो दिया था। विष्णु, एक सूअर के रूप में, महासागर में गोता लगाते हैं, भूमि को अपने दांतों पर उठाते हैं और उसे उसके सही स्थान पर पुनः स्थापित करते हैं। यह कथा भूमि की भेद्यता और उनकी रक्षा और पोषण के लिए आवश्यक दिव्य हस्तक्षेप को उजागर करती है।

भूमि की पूजा भारत में विभिन्न कृषि प्रथाओं का एक अभिन्न अंग है। किसान और कृषक बीज बोने से पहले और फसल उत्सवों के दौरान उनका सम्मान करते हैं, समृद्ध फसल के लिए उनका आशीर्वाद मांगते हैं। ये अनुष्ठान, जो अक्सर मानसून के मौसम की शुरुआत में किए जाते हैं, पृथ्वी के प्रति गहरी श्रद्धा और जीवन यापन के लिए उनकी आवश्यक भूमिका की स्वीकृति को दर्शाते हैं। तमिलनाडु में पोंगल, भारत के विभिन्न हिस्सों में मकर संक्रांति और पंजाब में बैसाखी जैसे त्योहार पृथ्वी की उर्वरता और जीवन के चक्रीय स्वरूप का उत्सव मनाते हैं। इन समारोहों में सामूहिक प्रार्थनाएँ, पहली उपज की भेंट और विभिन्न सांस्कृतिक गतिविधियाँ शामिल होती हैं, जो भूमि की उदारता का सम्मान करती हैं।

भूमि की भूमिका कृषि महत्व से परे पर्यावरणीय संरक्षण और प्रकृति के संरक्षण को भी शामिल करती है। हिंदू दर्शन में, पृथ्वी केवल एक संसाधन नहीं है जिसे उपयोग किया जा सके, बल्कि एक जीवित इकाई है जिसका सम्मान और संरक्षण

किया जाना चाहिए। यह दृष्टिकोण "पृथ्वी सूक्त" की अवधारणा में समाहित है, जो *अथर्ववेद* से एक भजन है, जो पृथ्वी के गुणों की प्रशंसा करता है और उनके संरक्षण और सतत उपयोग का आह्वान करता है। यह भजन पृथ्वी की उदारता की प्रशंसा करता है और मनुष्यों से उनके साथ सामंजस्य में जीने का आह्वान करता है, जो पारिस्थितिक संतुलन और सभी जीवित प्राणियों के प्रति सम्मान की आवश्यकता पर जोर देता है।

मानव और भूमि के बीच के संबंधों को विभिन्न पौराणिक ग्रंथों में भी खोजा गया है, जहाँ उन्हें एक करुणामयी और पोषण करने वाली मां के रूप में चित्रित किया गया है, जो अपने बच्चों की जरूरतों और कष्टों का उत्तर देती हैं। इन कथाओं में, भूमि को अक्सर सीधे या अपने दिव्य संतानों के माध्यम से मानव मामलों में हस्तक्षेप करते हुए दिखाया गया है ताकि संतुलन और न्याय बहाल किया जा सके। उदाहरण के लिए, *महाभारत* में, भूमि नरकासुर की कहानी में एक महत्वपूर्ण भूमिका निभाती है, जो एक राक्षस था जिसने पृथ्वी और उसके निवासियों को प्रताड़ित किया। भूमि विष्णु से अपील करती हैं, जो कृष्ण के रूप में अवतार लेते हैं, नरकासुर को हराने और पृथ्वी को उसके अत्याचार से मुक्त करने के लिए। यह कथा दिव्य हस्तक्षेप, मानव कार्यों और पृथ्वी के कल्याण की परस्पर संबद्धता को रेखांकित करती है।

भूमि का महत्व भारत की विभिन्न स्थापत्य और कलात्मक परंपराओं में भी परिलक्षित होता है। उनके नाम पर समर्पित मंदिर, हालाँकि अन्य देवताओं की तुलना में कम संख्या में हैं, देश के विभिन्न हिस्सों में पाए जाते हैं। इन मंदिरों में अक्सर जटिल नक्काशी और मूर्तियाँ होती हैं, जो उनके विभिन्न रूपों को दर्शाती हैं और हिंदू पौराणिक कथाओं में उनकी महत्ता को उजागर करती हैं। मंदिर वास्तुकला और चित्रकला में भूमि का कलात्मक चित्रण उनकी स्थायी उपस्थिति और भक्तों द्वारा उन्हें दिए गए सम्मान की याद दिलाता है।

समकालीन समय में, भूमि के प्रतीकवाद ने पर्यावरण संरक्षण और सतत विकास के संदर्भ में नए आयाम प्राप्त किए हैं। जैसे-जैसे दुनिया बढ़ती पारिस्थितिक चुनौतियों का सामना कर रही है, भूमि की पूजा पृथ्वी को संरक्षित और बचाने की आवश्यकता की एक शक्तिशाली याद दिलाती है। पर्यावरण कार्यकर्ता और आध्यात्मिक नेता अक्सर भूमि का आह्वान करते हैं ताकि वे पारिस्थितिक

जागरूकता को बढ़ावा दे सकें और सतत प्रथाओं की वकालत कर सकें। एक पोषण करने वाली पृथ्वी माता के रूप में उनकी प्रस्तुति जलवायु परिवर्तन, वनों की कटाई, प्रदूषण और प्राकृतिक संसाधनों के ह्रास के बारे में समकालीन चिंताओं के साथ गहराई से गूँजती है।

भारत में आधुनिक पर्यावरण आंदोलन ने भूमि से जुड़े पारंपरिक विश्वासों और प्रथाओं से प्रेरणा ली है। वृक्षारोपण, नदी सफाई और जैविक खेती को बढ़ावा देने जैसी पहलें अक्सर भूमि के प्रति श्रद्धा और जीवन को बनाए रखने में उनकी केंद्रीय भूमिका की मान्यता के साथ की जाती हैं। ये प्रयास इस बात पर जोर देते हैं कि प्राचीन ज्ञान और प्रथाओं के साथ फिर से जुड़ने की आवश्यकता है, जो प्रकृति के साथ सामंजस्य में जीने पर जोर देती हैं। भूमि का आह्वान करके, समकालीन पर्यावरणविद पृथ्वी के प्रति देखभाल और जिम्मेदारी की भावना को प्रोत्साहित करने का प्रयास करते हैं, समुदायों को पर्यावरण की रक्षा और पोषण करने के लिए प्रेरित करते हैं ताकि भविष्य की पीढ़ियों के लिए इसे स्वस्थ और सजीव बनाए रखा जा सके।

भूमि की शिक्षाएँ सामाजिक न्याय और समानता के क्षेत्र में भी विस्तार करती हैं। पृथ्वी, जो सभी मानवता की साझा विरासत है, को इस तरह साझा और संरक्षित किया जाना चाहिए, जो निष्पक्षता और न्याय सुनिश्चित करे। यह दृष्टिकोण "वसुधैव कुटुंबकम्" के सिद्धांतों के साथ मेल खाता है, जिसका अर्थ है "संपूर्ण विश्व एक परिवार है।" सभी जीवन की परस्पर संबद्धता और पृथ्वी की रक्षा की साझा जिम्मेदारी को पहचानकर, भूमि की पूजा समावेशिता, करुणा और सामूहिक कार्रवाई के मूल्यों को बढ़ावा देती है। यह दृष्टिकोण संसाधनों के समान वितरण और उन हाशिए पर खड़े समुदायों की रक्षा करने की वकालत करता है, जो अक्सर पर्यावरणीय गिरावट से असमान रूप से प्रभावित होते हैं।

भूमि की पूजा दैनिक जीवन में जागरूकता और कृतज्ञता के महत्व पर भी जोर देती है। पृथ्वी को एक जीवित इकाई के रूप में स्वीकार करके और उनके उपहारों के प्रति कृतज्ञता व्यक्त करके, व्यक्ति प्राकृतिक दुनिया के साथ एक गहरा संबंध और सम्मान विकसित कर सकते हैं। जागरूक उपभोग, कचरे को कम करने और संसाधनों के संरक्षण जैसे कार्य भूमि का सम्मान करने और उनके कल्याण में

योगदान देने के तरीके हैं। जीवन जीने का यह जागरूक दृष्टिकोण व्यक्तियों को पृथ्वी पर अपने प्रभाव पर विचार करने और स्थिरता और पारिस्थितिक संतुलन का समर्थन करने वाले विकल्प बनाने के लिए प्रोत्साहित करता है।

भूमि का प्रतीकवाद विभिन्न सांस्कृतिक और साहित्यिक परंपराओं में भी प्रतिध्वनित होता है। कवियों, लेखकों और कलाकारों ने लंबे समय से पृथ्वी और उनके गुणों से प्रेरणा ली है, ऐसी कृतियों का सृजन किया है जो उनकी सुंदरता, लचीलापन और पोषण करने वाले गुणों का उत्सव मनाती हैं। ये सांस्कृतिक अभिव्यक्तियाँ भूमि के प्रति श्रद्धा और मानव जीवन में उनकी आवश्यक भूमिका की मान्यता को सुदृढ़ करती हैं। साहित्य, कला और संगीत के माध्यम से भूमि की कहानियाँ और शिक्षाएँ पीढ़ी दर पीढ़ी प्रेषित होती हैं, जो पृथ्वी के साथ एक गहरे और स्थायी संबंध को बढ़ावा देती हैं।

भूमि, पृथ्वी की देवी, पृथ्वी के बुनियादी और पोषण करने वाले पहलुओं का प्रतिनिधित्व करती हैं, जो उर्वरता, स्थिरता और जीवन यापन के गुणों को समाहित करती हैं। हिंदू पौराणिक कथाओं, धार्मिक प्रथाओं और सांस्कृतिक परंपराओं में उनका महत्व पृथ्वी के प्रति गहरी श्रद्धा और जीवन को बनाए रखने में उनकी केंद्रीय भूमिका की पहचान को दर्शाता है। भूमि की पूजा सभी जीवन रूपों की परस्पर संबद्धता और प्रकृति के साथ सामंजस्य में जीने के महत्व को उजागर करती है। जैसे-जैसे जलवायु परिवर्तन और पर्यावरणीय गिरावट जैसी समकालीन चुनौतियाँ तीव्र होती जा रही हैं, भूमि की शिक्षाएँ पारिस्थितिक संरक्षण, सामाजिक न्याय और जागरूक जीवन जीने की आवश्यकता पर मूल्यवान अंतर्दृष्टि प्रदान करती हैं। भूमि का सम्मान करके, व्यक्ति और समुदाय पृथ्वी की रक्षा और पोषण करने की अपनी साझा जिम्मेदारी की याद दिलाते हैं, उनकी सेहत और जीवंतता को भविष्य की पीढ़ियों के लिए सुनिश्चित करते हैं। अपनी स्थायी उपस्थिति और जो मूल्य वह समाहित करती हैं, उनके माध्यम से भूमि एक स्थायी और न्यायपूर्ण विश्व का निर्माण करने के प्रयासों को प्रेरित और मार्गदर्शित करती रहती हैं।

"सरस्वती, ज्ञान और विद्या की देवी, ज्ञान और रचनात्मकता की खोज को प्रोत्साहित करती हैं। उनकी शिक्षाएँ बौद्धिक और कलात्मक प्रतिभाओं के एकीकरण को बढ़ावा देती हैं। वह हमें शिक्षा और सांस्कृतिक समृद्धि के माध्यम से आत्मज्ञान प्राप्त करने के लिए प्रेरित करती हैं।"

16

गायत्री: वैदिक मंत्र का मानवीकरण

गायत्री, वैदिक मंत्र का मानवीकरण, हिंदू धर्म में एक सम्मानित स्थान रखती हैं। वह ज्ञान के दिव्य प्रकाश और मंत्र की सार्वभौमिक शक्ति का प्रतीक हैं। गायत्री केवल एक देवी नहीं हैं; वह पवित्र *गायत्री मंत्र* का मूर्त रूप हैं, जो वैदिक साहित्य के सबसे महत्वपूर्ण और शक्तिशाली मंत्रों में से एक है। यह मंत्र आध्यात्मिक जागृति, बुद्धि और आत्मज्ञान के लिए प्रार्थना है, जो *सवितृ* (सूर्य देवता) को संबोधित है। गायत्री वैदिक परंपरा के सार का प्रतिनिधित्व करती हैं, जो ध्वनि की परिवर्तनकारी शक्ति और उच्च ज्ञान की खोज में ध्यान और भक्ति के महत्व को रेखांकित करती हैं।

गायत्री मंत्र ऋग्वेद में पाया जाता है, जो हिंदू धर्म के सबसे प्राचीन और पवित्र ग्रंथों में से एक है। यह मंत्र *गायत्री छंद* में रचित है, जो तीन पंक्तियों का एक छंद है, प्रत्येक पंक्ति में आठ अक्षर होते हैं। यह मंत्र इस प्रकार है:

"ॐ भूर्भुवः स्वः
तत्सवितुर्वरेण्यम्
भर्गो देवस्य धीमहि
धियो यो नः प्रचोदयात्।"

इसका अर्थ है: "हम सृष्टिकर्ता के दिव्य प्रकाश का ध्यान करते हैं; वह हमारी बुद्धि

को प्रेरित करे और हमारा मार्गदर्शन करे।"

गायत्री मंत्र को सभी वैदिक मंत्रों की जननी माना जाता है, जो वेदों के सार को समाहित करता है। यह एक सार्वभौमिक प्रार्थना है, जो सांप्रदायिक सीमाओं से परे है और आध्यात्मिक विकास और आत्मज्ञान की खोज करने वाले भक्तों द्वारा इसका पाठ किया जाता है। मंत्र में सवितृ, सूर्य देवता का आह्वान जीवन और ऊर्जा के स्रोत का प्रतीक है, जो ज्ञान के मार्ग को आलोकित करता है और अज्ञान के अंधकार को दूर करता है।

गायत्री, इस मंत्र के मूर्त रूप के रूप में, एक सुंदर देवी के रूप में चित्रित की जाती हैं, जिनके पाँच मुख और दस भुजाएँ हैं। वह एक लाल कमल पर विराजमान होती हैं। उनके प्रत्येक मुख ज्ञान के विभिन्न पहलुओं और पंच महाभूतों (पृथ्वी, जल, अग्नि, वायु और आकाश) का प्रतिनिधित्व करते हैं। उनकी दस भुजाएँ विभिन्न प्रतीकात्मक वस्तुएँ धारण करती हैं, जैसे शंख, चक्र, कमल और पुस्तक, जो उनके बहुआयामी स्वभाव और ज्ञान और आत्मज्ञान प्रदान करने की उनकी भूमिका का प्रतीक हैं। लाल कमल, जिस पर वह विराजमान हैं, पवित्रता और आध्यात्मिक अभ्यास के माध्यम से आत्मा के जागरण का प्रतिनिधित्व करता है।

गायत्री की देवी के रूप में पूजा और गायत्री मंत्र का पाठ कई हिंदुओं की दैनिक आध्यात्मिक प्रथाओं का केंद्र है। यह मंत्र पारंपरिक रूप से *संध्यावंदन* के दौरान गाया जाता है, जो एक अनुष्ठान है जिसे प्रातः, दोपहर और संध्या के समय किया जाता है। यह साधक को सूर्य के चक्रों और ब्रह्मांड की प्राकृतिक लय के साथ जोड़ता है। यह अभ्यास नियमित ध्यान और भक्ति के महत्व को रेखांकित करता है, जो आध्यात्मिक जागरूकता और आंतरिक शांति की खेती के लिए आवश्यक हैं।

गायत्री का महत्व मंत्र से परे भी है। उन्हें वेदों की माता और उस दिव्य स्त्री शक्ति का अवतार माना जाता है, जो ब्रह्मांड का पोषण करती है। इस भूमिका में, उन्हें सरस्वती, ज्ञान और विद्या की देवी, और सावित्री, जीवन और ऊर्जा की देवी, के साथ पहचाना जाता है। यह बहुआयामी पहचान गायत्री के महत्व को एक आध्यात्मिक प्रकाश स्रोत और ज्ञान की खोज में मार्गदर्शक शक्ति के रूप में उजागर करती है।

गायत्री मंत्र की परिवर्तनकारी शक्ति इसके ध्वनि कंपन और ध्यान केंद्रित करने की क्षमता में निहित है। इस मंत्र की पुनरावृत्ति मन को शुद्ध करने, एकाग्रता बढ़ाने और चेतना को ऊँचा उठाने में सक्षम मानी जाती है। मंत्र का प्रारंभ "ॐ" से होता है, जो आदि ध्वनि है और ब्रह्मांड और परम सत्य के सार का प्रतिनिधित्व करती है। इसके बाद के शब्द और वाक्यांश दिव्य प्रकाश और इसकी प्रेरणा और बुद्धि का मार्गदर्शन करने की क्षमता का आह्वान करते हैं, जो स्पष्टता, ज्ञान और आध्यात्मिक विकास को बढ़ावा देते हैं।

गायत्री मंत्र का बौद्धिक और आध्यात्मिक आत्मज्ञान पर जोर वैदिक परंपरा के संदर्भ में विशेष रूप से प्रासंगिक है, जो ज्ञान और आत्म-साक्षात्कार को मानव जीवन के सर्वोच्च लक्ष्य के रूप में महत्व देता है। मंत्र का दिव्य प्रकाश का आह्वान सभी जीवन की परस्पर संबद्धता और सत्य और समझ की खोज को मोक्ष के मार्ग के रूप में प्रतिबिंबित करता है। मंत्र का ध्यान करके, साधक अपने विचारों और कार्यों को धर्म (धार्मिकता) और ब्रह्मांडीय व्यवस्था के उच्च सिद्धांतों के साथ संरेखित करने का प्रयास करते हैं।

गायत्री का शैक्षिक और आध्यात्मिक विकास में योगदान भी महत्वपूर्ण है। हिंदू परंपराओं में, गायत्री मंत्र का पाठ *उपनयन संस्कार* का एक अनिवार्य हिस्सा है। यह पवित्र सूत्र संस्कार युवाओं को आध्यात्मिक और शैक्षिक जीवन में दीक्षित करने का प्रतीक है। यह जीवन के अनुशासित और उद्देश्यपूर्ण मार्ग की शुरुआत का प्रतीक है, जो शिक्षा और आध्यात्मिक अभ्यास के प्रति समर्पित है। इस संस्कार के दौरान, गुरु द्वारा दीक्षित साधक को गायत्री मंत्र सिखाया जाता है, जो उनके जीवनभर एक आध्यात्मिक मार्गदर्शक और प्रेरणा का स्रोत बनता है।

गायत्री के रूप में वैदिक मंत्र की मूर्त देवी का महत्व हमें प्राचीन ज्ञान की स्थायी प्रासंगिकता की याद दिलाता है। उनकी शिक्षाएँ हमें उच्च ज्ञान की खोज, गुणों के विकास और सत्य और धार्मिकता के सार्वभौमिक सिद्धांतों के साथ अपने जीवन को संरेखित करने के महत्व की याद दिलाती हैं। गायत्री मंत्र का ध्यान और देवी के आशीर्वाद का आह्वान करके, व्यक्ति ध्वनि और दिव्य प्रकाश की परिवर्तनकारी शक्ति का उपयोग कर सकते हैं, जो आध्यात्मिक विकास और आंतरिक शांति को बढ़ावा देते हैं।

"लक्ष्मी, धन और समृद्धि की प्रदायिनी, समृद्धि और सौभाग्य का प्रतीक हैं।
उनकी उपस्थिति हमें कृतज्ञता और नैतिक जीवन के महत्व की याद दिलाती है।
उनके माध्यम से, हम विनम्रता और उदारता के साथ समृद्धि और कल्याण की
प्रार्थना करते हैं।"

17

मनसा: उर्वरता और स्वास्थ्य की नाग देवी

मनसा, उर्वरता और स्वास्थ्य की नाग देवी, हिंदू पौराणिक कथाओं में एक अद्वितीय और शक्तिशाली स्थान रखती हैं, विशेष रूप से बंगाल, असम और पूर्वी भारत के अन्य क्षेत्रों में। सर्पों से जुड़ी देवी के रूप में, वह इन प्राणियों के सुरक्षात्मक और संभावित खतरनाक दोनों पहलुओं का प्रतीक हैं। मनसा को सांपों के काटने का इलाज करने, उर्वरता को बढ़ावा देने, और अपने भक्तों को समृद्धि और स्वास्थ्य प्रदान करने के लिए पूजा जाता है। उनकी कथा दृढ़ता और संकल्प की कहानी है, जो एक उपेक्षित देवी से एक व्यापक रूप से पूजनीय देवी बनने की उनकी यात्रा को दर्शाती है।

मनसा की उत्पत्ति प्राचीन लोक कथाओं और ग्रामीण परंपराओं में गहराई से निहित है। उन्हें अक्सर ऋषि कश्यप और कद्रू की पुत्री के रूप में वर्णित किया जाता है, जिससे वह नागराज वासुकी और अन्य नागों (सर्प देवताओं) की बहन बनती हैं। हालांकि, कुछ कथाएँ उन्हें *शक्ति* (दिव्य स्त्री ऊर्जा) के अवतार के रूप में भी वर्णित करती हैं, जो उनकी दिव्यता और महाशक्ति को उजागर करती हैं। मनसा का सर्पों के साथ जुड़ाव, जिन्हें श्रद्धा और भय दोनों के साथ देखा जाता है, उनके उपचारकर्ता और रक्षक की द्वैध भूमिका को रेखांकित करता है, साथ ही एक ऐसी देवी के रूप में जो अपार शक्ति का प्रयोग कर सकती हैं।

मनसा से जुड़ी एक प्रमुख कथा उनके देवताओं और मनुष्यों के बीच मान्यता और

स्वीकृति की संघर्ष की है। किंवदंती के अनुसार, मनसा ने लोगों की भक्ति और देवताओं के बीच एक स्थान पाने की इच्छा की। हालांकि, उनकी यात्रा चुनौतियों से भरी हुई थी, विशेष रूप से उनकी सौतेली मां देवी चंडी और उनके सौतेले भाई वासुकी से, जो प्रारंभ में उनके प्रति शत्रुतापूर्ण थे। इन बाधाओं के बावजूद, मनसा की दृढ़ता और संकल्प ने अंततः उन्हें सम्मान का स्थान दिलाया। इन परीक्षाओं को पार करने में उनकी दृढ़ता उन्हें एक ऐसी देवी के रूप में स्थापित करती है जो पीड़ा और कठिनाई को समझती है, जिससे वह अपने भक्तों के लिए दयालु और सुलभ बन जाती हैं।

मनसा को विशेष रूप से सांपों के काटने का इलाज करने की शक्ति के लिए पूजा जाता है, जो ग्रामीण क्षेत्रों में एक सामान्य और गंभीर खतरा है। सांपों के डर और सांप के काटने के संभावित घातक परिणामों ने कई समुदायों के लिए उनकी पूजा को अनिवार्य बना दिया है। भक्त सांप के काटने से बचने और काटे गए लोगों को ठीक करने के लिए उनकी सुरक्षा और आशीर्वाद की तलाश करते हैं। सांपों को नियंत्रित करने और विषहरण के ज्ञान की उनकी क्षमता उन्हें अपने अनुयायियों की सुरक्षा और भलाई सुनिश्चित करने में एक महत्वपूर्ण देवी बनाती है। उनकी पूजा में अक्सर ऐसे अनुष्ठान और भेंट शामिल होते हैं जो सांपों को शांत करने और देवी की सुरक्षात्मक शक्तियों का आह्वान करने के लिए किए जाते हैं।

मनसा को समर्पित अनुष्ठान अत्यंत प्रतीकात्मक हैं और उनकी द्वैध प्रकृति को दर्शाते हैं। एक प्रमुख अनुष्ठान में मिट्टी या धातु से बनी देवी की प्रतिमा स्थापित करना शामिल है, जिन्हें अक्सर अपने हाथों में सर्प लिए हुए या उनके चारों ओर सर्पों से घिरी हुई दिखाया जाता है। यह प्रतिमा घरों या खेतों में रखी जाती है ताकि सांपों के काटने से बचाव हो सके और उर्वरता और समृद्धि सुनिश्चित हो सके। भक्त इन प्रतिमाओं को दूध, फूल और अन्य वस्तुएँ अर्पित करते हैं, जो देवी और उनके सर्प साथी के प्रति उनके सम्मान और श्रद्धा का प्रतीक है।

सर्पों से सुरक्षा देने की अपनी भूमिका से परे, मनसा का उर्वरता के साथ गहरा संबंध है। उन्हें उर्वरता, प्रसव और समग्र स्वास्थ्य के मामलों में आशीर्वाद के लिए पूजा जाता है। कृषि समुदायों में, उनकी कृपा समृद्ध फसल और पशुधन की भलाई सुनिश्चित करने के लिए मांगी जाती है। सर्प, अपनी त्वचा को बदलने की क्षमता के कारण, पुनर्जनन और नवीनीकरण का प्रतीक है, जो जीवन के चक्रीय स्वरूप

के साथ मनसा के संबंध को और मजबूत करता है। उनकी पूजा में अक्सर परिवारों और समुदायों के स्वास्थ्य और समृद्धि को बढ़ावा देने के उद्देश्य से प्रार्थनाएँ और अनुष्ठान शामिल होते हैं।

मनसा के सम्मान में मनाए जाने वाले त्योहार, विशेष रूप से *मनसा पूजा*, उन क्षेत्रों में जीवंत और महत्वपूर्ण आयोजन होते हैं जहाँ उनकी पूजा की जाती है। ये त्योहार आमतौर पर मानसून के मौसम में आयोजित किए जाते हैं, जब सांप अधिक सक्रिय होते हैं और सांप के काटने का खतरा अधिक होता है। इन उत्सवों के दौरान, भक्त देवी का सम्मान करने के लिए गीत, नृत्य और विभिन्न अनुष्ठानों के माध्यम से एकत्रित होते हैं। वातावरण सामुदायिक भक्ति और उत्सव का होता है, जो मनसा की पूजा के गहरे सांस्कृतिक महत्व और उनकी सुरक्षा और आशीर्वाद की सामूहिक आशा को दर्शाता है।

मनसा की पूजा लोक चिकित्सा और औषधि के अभ्यास के साथ भी गहराई से जुड़ी हुई है। पारंपरिक चिकित्सक, जिन्हें *ओझा* या सांप के जादूगर कहा जाता है, अक्सर अपने उपचार प्रथाओं में विशेष रूप से सांप के काटने के उपचार के लिए मनसा का आह्वान करते हैं। ऐसा माना जाता है कि इन चिकित्सकों के पास प्राचीन उपचार और विषहरण के ज्ञान हैं, जो पीढ़ी दर पीढ़ी प्रेषित होते आए हैं। यह विश्वास है कि मनसा देवी इन उपचार प्रयासों में सहायता करती हैं। यह संबंध स्वास्थ्य और भलाई के लिए धार्मिक और व्यावहारिक दृष्टिकोणों के एकीकरण को उजागर करता है, जो पारंपरिक समुदायों में गहराई से निहित है।

मनसा की कथा और पूजा की सांस्कृतिक और साहित्यिक अभिव्यक्तियाँ समृद्ध और विविध हैं। *मनसा मंगल*, बंगाली कथात्मक कविताओं का संग्रह, उनके जीवन और कर्मों का उत्सव मनाने वाले सबसे महत्वपूर्ण ग्रंथों में से एक है। 13वीं और 18वीं शताब्दी के बीच रचित इन कविताओं में मनसा के संघर्ष, विजय और उनके भक्तों के लिए किए गए चमत्कारों का वर्णन किया गया है। *मनसा मंगल* न केवल एक धार्मिक ग्रंथ है, बल्कि अपने समय के सामाजिक और सांस्कृतिक संदर्भों को दर्शाने वाला एक महत्वपूर्ण साहित्यिक कार्य भी है। इन कथाओं के माध्यम से, मनसा से जुड़े मूल्य और विश्वास भविष्य की पीढ़ियों तक पहुँचाए जाते हैं, उनकी पूजा की निरंतरता और उनके विरासत की सुरक्षा सुनिश्चित करते हैं।

मनसा की पूजा हिंदू धर्म के व्यापक विषयों को भी दर्शाती है, जैसे दृढ़ता का महत्व, भक्ति की शक्ति, और मनुष्यों और प्राकृतिक संसार के बीच की परस्पर क्रिया। उनकी कथा दृढ़ता और संकल्प के गुणों पर जोर देती है, यह दर्शाते हुए कि कैसे एक उपेक्षित व्यक्ति भी अडिग भक्ति और प्रयास के माध्यम से मान्यता और श्रद्धा प्राप्त कर सकता है। यह कथा उन कई भक्तों के अनुभवों के साथ गहराई से गूँजती है, जो अपने जीवन में चुनौतियों और प्रतिकूलताओं का सामना करते हैं, जिससे मनसा एक प्रेरक और सुलभ देवी बन जाती हैं।

इसके अलावा, सर्पों के साथ मनसा का संबंध, विशेष रूप से, प्राकृतिक संसार के प्रति हिंदू आध्यात्मिकता में निहित श्रद्धा को उजागर करता है। उनकी पूजा यह विश्वास दर्शाती है कि सभी प्राणी, चाहे वे भयभीत करने वाले या गलत समझे जाने वाले ही क्यों न हों, ब्रह्मांडीय व्यवस्था में एक स्थान रखते हैं और उनके प्रति सम्मान और संरक्षण का हक है। यह दृष्टिकोण प्राकृतिक संसार के साथ सामंजस्य की भावना को प्रोत्साहित करता है और सभी जीवित प्राणियों के प्रति जिम्मेदार और करुणामय व्यवहार को बढ़ावा देता है।

आधुनिक समय में भी, मनसा की पूजा प्रासंगिक बनी हुई है, विशेष रूप से ग्रामीण क्षेत्रों में जहाँ सांप के काटने का खतरा अभी भी एक बड़ी चिंता का विषय है। हालांकि, उनका प्रभाव इन पारंपरिक संदर्भों से परे है और आधुनिक पर्यावरणीय और स्वास्थ्य संबंधी चिंताओं के साथ प्रतिध्वनित होता है। मनसा द्वारा समाहित मूल्यों, जैसे स्वास्थ्य का महत्व, पर्यावरण संरक्षण की आवश्यकता, और दृढ़ता की शक्ति, समकालीन चुनौतियों का सामना करने में विशेष रूप से प्रासंगिक हैं। उनकी कथा और पूजा यह दर्शाती है कि पारंपरिक विश्वास और प्रथाएँ आधुनिक दृष्टिकोणों को स्वास्थ्य, भलाई और पर्यावरण संरक्षण को सूचित और समृद्ध कर सकती हैं।

मनसा का महत्व विभिन्न प्रकार की कला और प्रदर्शन के रूपों में भी परिलक्षित होता है। पारंपरिक लोक नाटक, संगीत और नृत्य में अक्सर उनकी कहानी और विषयों को शामिल किया जाता है, जो दर्शकों के लिए उनकी गाथा को जीवंत बनाते हैं। ये प्रदर्शन न केवल मनोरंजन का साधन हैं, बल्कि समुदायों को शिक्षित और प्रेरित करने का एक माध्यम भी हैं, जो देवी से जुड़े मूल्यों और विश्वासों को मजबूत करते हैं। इन सांस्कृतिक अभिव्यक्तियों के माध्यम से, मनसा की

विरासत पनपती रहती है, बदलते समय के अनुकूल होती है, जबकि उनकी पूजा और महत्व के मुख्य तत्वों को संरक्षित करती है।

मनसा, उर्वरता और स्वास्थ्य की नाग देवी, प्राकृतिक संसार की सुरक्षा और विनाश के द्वैत पहलुओं, पोषण और संहार का प्रतीक हैं। उनकी पूजा सर्पों की शक्ति और रहस्य के प्रति गहरी श्रद्धा को दर्शाती है, साथ ही पारिस्थितिकी तंत्र में उनकी महत्वपूर्ण भूमिका को भी पहचानती है। एक उपचारकर्ता और रक्षक के रूप में, मनसा अपने भक्तों को सांत्वना और समर्थन प्रदान करती हैं, उन्हें जीवन की चुनौतियों के माध्यम से मार्गदर्शन करती हैं और उनकी भलाई को बढ़ावा देती हैं। उनकी कथा, जो प्रतीकवाद और सांस्कृतिक महत्व से भरपूर है, दृढ़ता, भक्ति, और प्रकृति के साथ सामंजस्य के महत्व को रेखांकित करती है। अपनी स्थायी उपस्थिति और जो मूल्य वह समाहित करती हैं, उनके माध्यम से, मनसा व्यक्तियों और समुदायों को प्रेरित और मार्गदर्शित करती रहती हैं, सभी जीवन की परस्पर संबद्धता और विश्वास और संकल्प की शक्ति की एक कालातीत याद दिलाती हैं।

"विंध्यवासिनी, विंध्य पर्वत श्रृंखला की संरक्षिका, प्रकृति की शक्ति और गौरव का प्रतीक हैं। उनकी पूजा प्राकृतिक संसार के प्रति गहरे सम्मान को दर्शाती है। वह हमें पर्यावरण के साथ सामंजस्य में रहने के महत्व को सिखाती हैं।"

᠙

18

ललिता: आनंद और सौंदर्य की देवी

ललिता, आनंद और सौंदर्य की देवी, हिंदू धर्म के पंथ में सबसे प्रतिष्ठित देवियों में से एक हैं। वह शक्ति परंपरा की केंद्रीय देवी हैं, जो स्त्रीलिंग दिव्यता की पूजा पर केंद्रित है। ललिता, जिन्हें ललिता त्रिपुरा सुंदरी के नाम से भी जाना जाता है, सौंदर्य, अनुग्रह और आनंद का सार समाहित करती हैं। वह परम देवी के रूप में पूजनीय हैं, जो सभी द्वैतों से परे हैं और शक्ति, ज्ञान, और सौंदर्य का समन्वय करती हैं। उनकी पूजा, जो तांत्रिक और वैदिक परंपराओं के समृद्ध ताने-बाने में निहित है, स्त्रीलिंग दिव्यता की परिवर्तनकारी शक्ति और आध्यात्मिक आनंद की खोज का उत्सव है।

ललिता की कथा *ललिता सहस्रनाम* में विस्तृत रूप से वर्णित है, जो एक पवित्र ग्रंथ है जिसमें उनके हजार नामों का वर्णन है। यह ग्रंथ *ब्रह्मांड पुराण* का हिस्सा है और भक्तों द्वारा देवी का आशीर्वाद पाने और उनकी दिव्य ऊर्जा से जुड़ने के लिए इसका पाठ किया जाता है। *ललिता सहस्रनाम* उन्हें सार्वभौमिक माता, सभी सृष्टि के स्रोत और करुणा और प्रेम का मूर्त रूप बताता है। उन्हें पाँच तत्वों के सिंहासन पर विराजमान दिखाया गया है, जहाँ वे विभिन्न हथियारों और प्रतीकों को धारण करती हैं, जो ब्रह्मांड पर उनकी शक्ति और प्रभुत्व का प्रतीक हैं।

ललिता से जुड़ी सबसे महत्वपूर्ण कथाओं में से एक उनकी राक्षस भंडासुर के साथ लड़ाई की है। किंवदंती के अनुसार, भंडासुर कामदेव की राख से उत्पन्न हुआ था,

जिसे शिव के तीसरे नेत्र ने भस्म कर दिया था। भंडासुर, अपनी असीम शक्ति के साथ, देवताओं को आतंकित करता था और ब्रह्मांडीय व्यवस्था को बाधित करता था। इसके उत्तर में, देवताओं ने ललिता का आह्वान किया, जो एक अद्भुत रूप में प्रकट हुईं, सौंदर्य और अनुग्रह से चमकती हुई। हंसों द्वारा खींचे गए रथ पर सवार होकर और दिव्य प्राणियों की सेना के साथ, ललिता ने भंडासुर के साथ एक भयंकर युद्ध किया। अपने दिव्य हथियारों और ज्ञान का उपयोग करते हुए, उन्होंने राक्षस का वध किया और ब्रह्मांड में सामंजस्य को पुनर्स्थापित किया। यह कथा ललिता की भूमिका को एक रक्षक और ब्रह्मांडीय संतुलन को पुनर्स्थापित करने वाली देवी के रूप में रेखांकित करती है, जो उनकी शक्ति और करुणा को दर्शाती है।

ललिता की मूर्तिकला प्रतीकात्मकता से भरपूर है, जो उनके बहुआयामी स्वरूप को दर्शाती है। उन्हें अक्सर एक युवा और आकर्षक देवी के रूप में चित्रित किया जाता है, जो शांति और आनंद की आभा से ओतप्रोत होती हैं। उनका रूप सुंदर आभूषणों और वस्त्रों से सुसज्जित है, जो सौंदर्य और समृद्धि के साथ उनके संबंध का प्रतीक है। उनके चार हाथों में एक पाश, अंकुश, गन्ने का धनुष और फूलों के पाँच बाण हैं, जो उनकी शक्ति के विभिन्न पहलुओं का प्रतिनिधित्व करते हैं। पाश नियंत्रण और बंधन की उनकी क्षमता का प्रतीक है, अंकुश बाधाओं को दूर करने की उनकी शक्ति को दर्शाता है, गन्ने का धनुष इच्छाओं पर उनके नियंत्रण का प्रतीक है, और फूलों के बाण इंद्रिय सुखों और उनके अंतिम अतिक्रमण का प्रतिनिधित्व करते हैं। ये गुण ललिता के भौतिक और आध्यात्मिक दोनों क्षेत्रों पर प्रभुत्व को उजागर करते हैं, साथ ही भक्तों को आध्यात्मिक मुक्ति की ओर मार्गदर्शन करने में उनकी भूमिका को भी दर्शाते हैं।

ललिता की पूजा तांत्रिक प्रथाओं में गहराई से निहित है, जो व्यक्तिगत आत्मा और दिव्य के मिलन पर जोर देती हैं। ललिता को समर्पित तांत्रिक अनुष्ठानों में अक्सर विस्तृत समारोह, मंत्र, और ध्यान अभ्यास शामिल होते हैं, जिन्हें साधक के भीतर कुंडलिनी ऊर्जा को जागृत करने के लिए डिज़ाइन किया गया है। यह ऊर्जा, जो रीढ़ की हड्डी के आधार पर कुंडली के रूप में मानी जाती है, चक्रों के माध्यम से ऊपर उठती है, जिससे आध्यात्मिक ज्ञान और दिव्य के साथ मिलन होता है। सर्वोच्च देवी के रूप में, ललिता को इस परिवर्तनकारी यात्रा में मार्गदर्शक शक्ति के रूप में देखा जाता है, जो साधकों को आत्म-बोध और परम आनंद के मार्ग पर नेविगेट करने में सहायता करती हैं।

ललिता के लिए समर्पित सबसे प्रतिष्ठित भजनों में से एक *ललिता त्रिशती* है, जिसमें देवी के 300 नाम हैं, जो प्रत्येक उनके दिव्य गुणों और शक्तियों को समाहित करता है। इस भजन का पाठ उनकी कृपा प्राप्त करने, आध्यात्मिक ज्ञान प्रदान करने और भक्त को शांति और समृद्धि प्रदान करने के लिए किया जाता है। उनके नामों की पुनरावृत्ति एक ध्यान अभ्यास के रूप में कार्य करती है, जो साधक को अपने मन को केंद्रित करने और देवी के साथ गहरे स्तर पर जुड़ने में मदद करती है। यह अभ्यास भक्ति के महत्व और ललिता की पूजा में ध्वनि कंपन की शक्ति को उजागर करता है।

ललिता का महत्व उनकी योद्धा और रक्षक के रूप में भूमिका से परे है। उन्हें सौंदर्य और आनंद की देवी के रूप में भी पूजा जाता है, जो उन सौंदर्यपूर्ण और इंद्रिय सुखों का प्रतीक हैं जो मानव अनुभव को ऊँचा उठाते हैं। कला में, विशेष रूप से भारतीय शास्त्रीय संगीत और नृत्य में, ललिता को प्रेरणा स्रोत के रूप में मनाया जाता है। उनके अनुग्रह और सौंदर्य को प्रदर्शन और रचनाओं में दर्शाया जाता है, जो उनकी दिव्य उपस्थिति के सार को पकड़ने का प्रयास करते हैं। इन कलात्मक अभिव्यक्तियों के माध्यम से, भक्त उस आनंद और आत्मविभोरता की झलक पाने में सक्षम होते हैं, जो ललिता का प्रतिनिधित्व करती हैं।

नवरात्रि का पर्व, जो देवी के विभिन्न रूपों की पूजा को समर्पित है, विशेष रूप से ललिता के सम्मान में विशेष अनुष्ठानों और प्रथाओं को शामिल करता है। इन नौ रातों के दौरान, भक्त प्रार्थना, उपवास और सांस्कृतिक प्रदर्शन में भाग लेते हैं, जिससे देवी शक्ति का उत्सव मनाते हैं और देवी का आशीर्वाद प्राप्त करते हैं। नवरात्रि के पाँचवें दिन, जिसे *ललिता पंचमी* के रूप में जाना जाता है, विशेष रूप से ललिता को समर्पित किया जाता है। इस दिन, विस्तृत पूजाएँ आयोजित की जाती हैं, और भक्त *ललिता सहस्रनाम* और अन्य भजनों का जाप करते हैं, ताकि देवी की उपस्थिति और कृपा का आह्वान किया जा सके। यह त्योहार ललिता की पूजा के सामुदायिक पहलू को उजागर करता है, जो लोगों को देवी की शक्ति और करुणा के साझा उत्सव में एक साथ लाता है।

ललिता की पूजा अद्वैत (अद्वैतवाद) के सिद्धांतों को भी समाहित करती है, जो

व्यक्तिगत आत्मा और परम चेतना की एकता पर जोर देते हैं। इस दार्शनिक ढाँचे में, ललिता को परम वास्तविकता के अवतार के रूप में देखा जाता है, जो सभी भेदों और द्वैतों से परे हैं। उनके रूप और गुण ब्रह्मांड में व्याप्त दिव्य ऊर्जा के प्रकटीकरण माने जाते हैं। ललिता और उनके विभिन्न पहलुओं पर ध्यान करके, भक्त पृथकता के भ्रम को पार करने और दिव्य के साथ अपनी अंतर्निहित एकता को महसूस करने का प्रयास करते हैं। इस ज्ञान को आध्यात्मिक उपलब्धि का शिखर माना जाता है, जो शाश्वत आनंद और मुक्ति की स्थिति लाता है।

आधुनिक समय में, ललिता की शिक्षाएँ और उनके पूजा से जुड़े अभ्यास विश्वभर में आध्यात्मिक साधकों के बीच गहराई से गूँजते हैं। आंतरिक सौंदर्य, अनुग्रह, और आनंद की खोज पर उनका जोर आधुनिक जीवन में अक्सर हावी भौतिकवादी मूल्यों का संतुलन प्रदान करता है। स्त्रीलिंग दिव्यता और भक्ति की परिवर्तनकारी शक्ति पर ध्यान केंद्रित करके, साधक आंतरिक शांति और तृप्ति की भावना को विकसित कर सकते हैं। ललिता की पूजा व्यक्तियों को जीवन में निहित सौंदर्य और आनंद को अपनाने के लिए प्रेरित करती है, जबकि उच्च आध्यात्मिक लक्ष्यों की ओर प्रयास करती है।

ललिता के संदेश की सार्वभौमिकता विभिन्न तरीकों से प्रकट होती है, जिससे उन्हें पूजा और मनाया जाता है। उनकी पूजा सांस्कृतिक और भौगोलिक सीमाओं को पार करती है, जो विभिन्न पृष्ठभूमियों और आध्यात्मिक परंपराओं के लोगों के साथ प्रतिध्वनित होती है। प्रेम, सौंदर्य, और आनंद के सिद्धांत जो वह समाहित करती हैं, मानव अनुभव के मूल से जुड़े सार्वभौमिक मूल्य हैं। उनकी शिक्षाओं के माध्यम से, ललिता सभी जीवन के परस्पर संबद्धता के लिए गहरी सराहना और दुनिया में सामंजस्य और संतुलन की खोज को प्रेरित करती हैं।

ललिता की पूजा को दैनिक जीवन में एकीकृत करना भी महत्वपूर्ण है। भक्तों को सृष्टि के सभी पहलुओं में देवी को देखने के लिए प्रोत्साहित किया जाता है, जो स्वयं और दूसरों में दिव्य उपस्थिति को पहचानते हैं। यह दृष्टिकोण सभी प्राणियों के प्रति सम्मान और श्रद्धा की भावना को बढ़ावा देता है, जो जीवन के प्रति एक करुणामय और समग्र दृष्टिकोण को प्रोत्साहित करता है। ललिता के गुणों—सौंदर्य, अनुग्रह, और आनंद—को आत्मसात करके, साधक अपने स्वयं के चेतना स्तर को ऊँचा उठाने और अपने चारों ओर की दुनिया में सकारात्मक

योगदान देने का प्रयास करते हैं।

ललिता, आनंद और सौंदर्य की देवी, हिंदू धर्म में स्त्रीलिंग दिव्यता के उच्चतम आदर्शों का प्रतिनिधित्व करती हैं। उनकी कथा और गुण उनके भक्तों के लिए एक रक्षक, मार्गदर्शक और प्रेरणा का स्रोत होने की उनकी भूमिका को उजागर करते हैं। उनकी पूजा के माध्यम से, साधक उस दिव्य ऊर्जा के साथ जुड़ने का प्रयास करते हैं, जिसे वह समाहित करती हैं, भक्ति की परिवर्तनकारी शक्ति और आध्यात्मिक आनंद की खोज का अनुभव करते हैं। ललिता की शिक्षाएँ आंतरिक सौंदर्य, अनुग्रह और दिव्य के साथ अपनी एकता की प्राप्ति के महत्व पर जोर देती हैं। भक्तों के हृदय और मन में उनकी स्थायी उपस्थिति प्रेरित और उत्थान करती रहती है, परम आनंद और आध्यात्मिक तृप्ति के मार्ग को प्रदान करती है।

"राधा का कृष्ण के प्रति प्रेम आत्मा की आध्यात्मिक ज्ञान की ओर यात्रा का दिव्य रूपक है। उनकी तीव्र तड़प और भक्ति परमात्मा के साथ अंतिम मिलन की खोज का प्रतीक है। वह हमें गहरे आध्यात्मिक संबंधों की खोज के लिए प्रेरित करती हैं।"

19

विंध्यवासिनी: पर्वतों में निवास करने वाली देवी

विंध्यवासिनी, पर्वतों में निवास करने वाली देवी, हिंदू पौराणिक कथाओं और धार्मिक परंपराओं में एक प्रतिष्ठित और महत्वपूर्ण स्थान रखती हैं। विशेष रूप से विंध्याचल पर्वतमाला में, जो उत्तरी और दक्षिणी भारत के बीच एक प्राकृतिक सीमा बनाती है, उनकी गहरी पूजा की जाती है। विंध्यवासिनी, देवी दुर्गा का अवतार, अपनी शक्ति, सुरक्षा और भक्तों पर कृपा बरसाने के लिए पूजनीय हैं। उनकी कथा क्षेत्र के सांस्कृतिक और आध्यात्मिक जीवन में गहराई से निहित है, जो देवत्व और प्रकृति के बीच के गहरे संबंध को दर्शाती है।

विंध्यवासिनी को अक्सर एक भयंकर और दयालु देवी के रूप में चित्रित किया जाता है, जो शक्ति, साहस और करुणा के गुणों को समाहित करती हैं। उन्हें आमतौर पर एक शेर पर सवार दिखाया जाता है, जो प्राकृतिक और अलौकिक क्षेत्रों पर उनके प्रभुत्व का प्रतीक है। उनके हाथों में त्रिशूल, तलवार और चक्र जैसे विभिन्न शस्त्र होते हैं, जो बुराई को हराने और अपने भक्तों की रक्षा करने की उनकी क्षमता को दर्शाते हैं। उनकी मूर्तिकला एक योद्धा देवी के रूप में उनकी भूमिका पर जोर देती है, जो अंधकार की शक्तियों से लड़ने और धर्म की स्थापना के लिए सदैव तत्पर रहती हैं।

विंध्यवासिनी की उत्पत्ति विंध्याचल पर्वतमाला की कथा और राक्षस महिषासुर की कहानी से गहराई से जुड़ी हुई है। हिंदू पौराणिक कथाओं के अनुसार, महिषासुर,

जो एक शक्तिशाली राक्षस था और भैंस का रूप धारण कर सकता था, ने ब्रह्मा से वरदान प्राप्त करने के लिए कठोर तप किया। यह वरदान उसे पुरुषों और देवताओं से अजेय बना देता था, जिससे उसने स्वर्ग पर आक्रमण किया और ब्रह्मांड में आतंक फैला दिया। देवताओं की प्रार्थनाओं के उतर में, देवी दुर्गा को राक्षस को हराने के लिए आहूत किया गया। दुर्गा ने विभिन्न रूपों में अवतार लिया, जिनमें से एक विंध्यवासिनी थी, जिन्होंने महिषासुर को हराकर ब्रह्मांडीय व्यवस्था को पुनर्स्थापित किया।

विंध्याचल पर्वतमाला स्वयं हिंदू ब्रह्मांड विज्ञान में महान महत्व रखती है। इसे एक पवित्र और शक्तिशाली स्थल माना जाता है, जो दिव्य ऊर्जा की उपस्थिति से ओतप्रोत है। विंध्यवासिनी, इस क्षेत्र की अधिष्ठात्री देवी के रूप में, पर्वतों की आत्मा और शक्ति को मूर्त रूप देती हैं। विंध्याचल की खुरदरी भूमि और घने जंगल देवी की भयंकर और सुरक्षात्मक प्रकृति को दर्शाते हैं। यह संबंध देवत्व और प्राकृतिक संसार के बीच के घनिष्ठ संबंध को उजागर करता है, जहाँ पर्वत देवी के लिए एक आश्रय और शक्ति का स्रोत दोनों हैं।

उत्तर प्रदेश के विंध्याचल नगर में स्थित विंध्यवासिनी मंदिर देवी को समर्पित सबसे महत्वपूर्ण तीर्थ स्थलों में से एक है। हर साल हजारों भक्त इस मंदिर में आते हैं, विशेष रूप से नवरात्रि उत्सव के दौरान, विंध्यवासिनी का आशीर्वाद और सुरक्षा प्राप्त करने के लिए। गंगा नदी के तट पर स्थित यह मंदिर पूजा और सामुदायिक गतिविधियों का केंद्र है। त्योहारों के दौरान मंदिर का जीवंत और व्यस्त वातावरण भक्तों की गहरी भक्ति और श्रद्धा को दर्शाता है।

नवरात्रि, जो नौ रातों का उत्सव है और स्त्रीलिंग दिव्यता की पूजा के लिए समर्पित है, विंध्यवासिनी की पूजा के लिए विशेष रूप से महत्वपूर्ण समय है। इस उत्सव के दौरान, देवी को विस्तृत अनुष्ठानों, प्रार्थनाओं और सांस्कृतिक प्रदर्शनों के माध्यम से सम्मानित किया जाता है। भक्त उपवास रखते हैं, भजन गाते हैं और जुलूसों में भाग लेते हैं, ताकि देवी की शक्ति और अनुग्रह का उत्सव मना सकें। उत्सव देवी की मूर्ति के नदी में विसर्जन के साथ समाप्त होता है, जो उनके प्राकृतिक संसार में लौटने और जीवन और देवत्व के चक्रीय स्वरूप का प्रतीक है।

विंध्यवासिनी की पूजा से जुड़े अनुष्ठान और प्रथाएँ गहन प्रतीकात्मकता और अर्थ

से परिपूर्ण हैं। एक प्रमुख अनुष्ठान में देवी को नारियल, फल और फूल अर्पित करना शामिल है, जो शुद्धता, भक्ति और उनके आशीर्वाद की इच्छा का प्रतीक है। भक्त अक्सर तेल के दीपक और अगरबत्तियाँ जलाते हैं, जो श्रद्धा और पवित्रता का वातावरण बनाते हैं। विंध्यवासिनी को समर्पित मंत्रों और भजनों का जाप उनकी उपस्थिति और उनकी सुरक्षात्मक और दयालु ऊर्जा को आहूत करने के लिए किया जाता है।

विंध्यवासिनी की पूजा केवल मंदिर तक ही सीमित नहीं है; यह उनके भक्तों के घरों और जीवन तक भी फैली हुई है। कई परिवार देवी को समर्पित छोटे-छोटे वेदी स्थान बनाए रखते हैं, जहाँ दैनिक प्रार्थनाएँ और भेंट चढ़ाई जाती हैं। ये घरेलू प्रथाएँ विंध्यवासिनी के साथ भक्तों के व्यक्तिगत और घनिष्ठ संबंध को दर्शाती हैं, जो उन्हें और उनके परिवारों को देखने वाली संरक्षिका और संरक्षक के रूप में उनकी आराधना करते हैं।

विंध्यवासिनी की कथा दृढ़ता और सहनशीलता के विषयों को भी उजागर करती है। महिषासुर द्वारा उत्पन्न खतरे के जवाब में एक शक्तिशाली योद्धा देवी के रूप में उनका प्रकट होना इस विचार को रेखांकित करता है कि बुराई का मुकाबला करने और संतुलन बहाल करने के लिए दिव्य हस्तक्षेप उत्पन्न हो सकता है। यह कथा भक्तों को प्रेरित करती है, उन्हें साहस और दृढ़ संकल्प के साथ अपनी चुनौतियों का सामना करने के लिए प्रोत्साहित करती है, यह विश्वास दिलाते हुए कि देवी का समर्थन और सुरक्षा उनके साथ है।

विंध्यवासिनी का प्राकृतिक संसार के साथ संबंध उनकी पूजा और महत्व का केंद्रीय पहलू है। पर्वत, नदियाँ और जंगल, जो उनके क्षेत्र का निर्माण करते हैं, उनकी शक्ति और उपस्थिति के रूप में देखे जाते हैं। यह दृष्टिकोण प्रकृति और पर्यावरण के प्रति गहरे सम्मान को बढ़ावा देता है, जो भक्तों को देवी के विस्तार के रूप में प्राकृतिक संसार का सम्मान और संरक्षण करने के लिए प्रेरित करता है। विंध्यवासिनी के प्रति श्रद्धा व्यापक पारिस्थितिक चेतना को भी बढ़ावा देती है, जो सभी जीवन की परस्पर संबद्धता और पर्यावरण के साथ सामंजस्य में जीने की आवश्यकता पर जोर देती है।

विंध्यवासिनी की पूजा की सांस्कृतिक अभिव्यक्तियाँ विविध और जीवंत हैं। लोक

गीत, नृत्य और नाट्य प्रदर्शन, जो उनकी वीरता और गुणों का उत्सव मनाते हैं, स्थानीय संस्कृति का एक अभिन्न हिस्सा हैं। ये प्रदर्शन अक्सर त्योहारों और विशेष अवसरों के दौरान आयोजित किए जाते हैं, जो समुदाय को देवी के साझा उत्सव में एक साथ लाते हैं। विंध्यवासिनी की कथाओं और कलात्मक प्रस्तुतियों का उद्देश्य न केवल मनोरंजन करना है, बल्कि उनके साथ जुड़े सांस्कृतिक और आध्यात्मिक विरासत को संरक्षित और प्रसारित करना भी है।

आधुनिक समय में भी, विंध्यवासिनी की पूजा कई लोगों के लिए आध्यात्मिक सांत्वना और सशक्तिकरण का स्रोत बनी हुई है। उनके रक्षक और प्रदाता की भूमिका भक्तों के साथ प्रतिध्वनित होती है, जो आधुनिक जीवन की चुनौतियों का सामना कर रहे हैं, और उन्हें स्थिरता और सुरक्षा की भावना प्रदान करती है। देवी की शिक्षाएँ, जो शक्ति, सहनशीलता और स्त्रीलिंग दिव्यता की सुरक्षात्मक शक्ति पर जोर देती हैं, समकालीन समाज के अक्सर अराजक और अनिश्चित स्वभाव के लिए एक सशक्त विकल्प प्रस्तुत करती हैं।

विंध्यवासिनी की पूजा सामुदायिकता और सामूहिक भक्ति के महत्व पर भी जोर देती है। देवी को समर्पित सामुदायिक अनुष्ठान और उत्सव भक्तों के बीच एकजुटता और साझा उद्देश्य की भावना को बढ़ावा देते हैं। ये आयोजन सामाजिक सहभागिता, परस्पर समर्थन और सांस्कृतिक मूल्यों और परंपराओं को सुदृढ़ करने के अवसर प्रदान करते हैं। विंध्यवासिनी की पूजा से उत्पन्न सामुदायिक भावना सामाजिक बंधनों को मजबूत करने और एक सहायक और एकजुट सामाजिक ताना-बाना बनाने में मदद करती है।

इसके अलावा, विंध्यवासिनी की पूजा हिंदू आध्यात्मिकता में स्त्रीलिंग दिव्यता के महत्व को उजागर करती है। दुर्गा के अवतार के रूप में, वह शक्ति, करुणा और सुरक्षा के उन गुणों को समाहित करती हैं, जो शक्ति (दिव्य स्त्री ऊर्जा) की अवधारणा के लिए केंद्रीय हैं। विंध्यवासिनी के प्रति श्रद्धा ब्रह्मांड में स्त्री सिद्धांत की शक्ति और महत्व की व्यापक मान्यता को दर्शाती है। यह दृष्टिकोण पितृसत्तात्मक मानदंडों को चुनौती देता है और आध्यात्मिक और भौतिक दोनों क्षेत्रों में स्त्रीत्व के मूल्य और गरिमा को रेखांकित करता है।

विंध्यवासिनी, पर्वतों में निवास करने वाली देवी, स्त्रीलिंग दिव्यता के शक्तिशाली

और सुरक्षात्मक पहलुओं का प्रतिनिधित्व करती हैं। उनकी पूजा, जो विंध्याचल पर्वतमाला की सांस्कृतिक और आध्यात्मिक परंपराओं में गहराई से निहित है, उन्हें योद्धा, संरक्षिका और उपकारक के रूप में मनाती है। प्राकृतिक संसार के साथ उनके संबंध के माध्यम से, विंध्यवासिनी पर्वतों की शक्ति और सहनशीलता को मूर्त रूप देती हैं, अपने भक्तों को स्थिरता और सुरक्षा की भावना प्रदान करती हैं। उनकी शिक्षाएँ और पूजा सहनशीलता, सामुदायिकता और प्रकृति के प्रति श्रद्धा के महत्व पर जोर देती हैं, जो समकालीन जीवन के लिए मूल्यवान अंतर्दृष्टि और प्रेरणा प्रदान करती हैं। विंध्यवासिनी का सम्मान करके, भक्त दिव्य, प्राकृतिक संसार और एक दूसरे के साथ अपने संबंध की पुष्टि करते हैं, जिससे सामंजस्य, शक्ति और आध्यात्मिक तृप्ति की भावना को बढ़ावा मिलता है।

"मनसा की दृढ़ता और भक्ति की कहानी स्त्रीलिंग दिव्यता के सुरक्षात्मक पहलुओं को उजागर करती है। उनकी पूजा चिकित्सा और नवीकरण के महत्व पर जोर देती है। वह हमें प्राकृतिक संसार और उसके चक्रों का सम्मान करना सिखाती हैं।"

☙

20

तुलसी: पवित्र पौधा और दिव्य देवी

तुलसी, पवित्र पौधा और दिव्य देवी, हिंदू संस्कृति और आध्यात्मिकता में एक अनुपम स्थान रखती हैं। देवी लक्ष्मी के अवतार और शुद्धता और भक्ति की मूर्ति के रूप में पूजनीय, तुलसी केवल एक पौधा नहीं हैं, बल्कि प्राकृतिक संसार में दिव्य उपस्थिति का जीवंत प्रतीक हैं। तुलसी की पूजा गहरी पारिस्थितिक चेतना और सभी जीवन के परस्पर संबंधों की समझ को दर्शाती है। उनका महत्व धार्मिक अनुष्ठानों से परे दैनिक जीवन, स्वास्थ्य और पर्यावरणीय प्रबंधन के विभिन्न पहलुओं तक फैला हुआ है।

तुलसी, जिसे *हॉली बेसिल (ओसिमम सैंक्टम)* के नाम से भी जाना जाता है, हिंदू परंपरा में जड़ी-बूटियों की रानी मानी जाती है। उनकी पत्तियाँ, तने और फूल प्रबल औषधीय गुणों से युक्त माने जाते हैं, जो उन्हें आयुर्वेदिक चिकित्सा का एक अभिन्न अंग बनाते हैं। यह पौधा प्रतिरक्षा को बढ़ाने, संक्रमणों से लड़ने और समग्र स्वास्थ्य को बढ़ावा देने के लिए जाना जाता है। इस औषधीय मूल्य के साथ उनकी आध्यात्मिक महत्ता तुलसी को हिंदू घरों और मंदिरों में एक पूजनीय स्थान प्रदान करती है।

तुलसी से जुड़ी पौराणिक कथाएँ उनकी दिव्यता और उनकी पूजा के कारणों को उजागर करने वाली कहानियों से समृद्ध हैं। एक प्रमुख कथा के अनुसार, तुलसी अपने पिछले जीवन में विष्णु की समर्पित भक्त थीं। उनकी अटूट भक्ति और

शुद्धता ने उन्हें विष्णु के साथ हमेशा जुड़े रहने का वरदान दिलाया। इस कारण तुलसी को अक्सर देवी लक्ष्मी का अवतार माना जाता है, जो धन और समृद्धि की देवी और विष्णु की पत्नी हैं। यह संबंध उनके भक्तों को आध्यात्मिक और भौतिक लाभ प्रदान करने में उनकी भूमिका को दर्शाता है।

एक अन्य महत्वपूर्ण कथा राक्षस राजा जलंधर से जुड़ी है, जिसकी पत्नी वृंदा विष्णु की परम भक्त थीं। वृंदा की भक्ति ने जलंधर को अजेय बना दिया था, और देवताओं के लिए उसे हराना असंभव हो गया। ब्रह्मांडीय संतुलन बहाल करने के लिए, विष्णु ने जलंधर का रूप धारण कर वृंदा के पास जाकर उनकी पतिव्रता को भंग कर दिया, जिससे जलंधर कमजोर हो गया। यह जानने पर वृंदा ने विष्णु को काले पत्थर (शालिग्राम) बनने का श्राप दिया और स्वयं को अग्नि को समर्पित कर दिया। उनके बलिदान और भक्ति से उनके राख से तुलसी का पौधा प्रकट हुआ, जो शुद्धता, भक्ति और त्याग का प्रतीक है। यह कथा तुलसी के समर्पण और भक्ति की परिवर्तनकारी शक्ति को उजागर करती है।

तुलसी की पूजा हिंदू धार्मिक प्रथाओं का एक अभिन्न हिस्सा है। कई घरों में तुलसी को *तुलसी वृंदावन* नामक विशेष वेदी पर लगाया जाता है, जो अक्सर आँगन या बगीचे में होती है। वृंदावन आमतौर पर एक छोटा, सुसज्जित ढाँचा होता है, जहाँ पौधे को बड़ी श्रद्धा और देखभाल के साथ रखा जाता है। दैनिक अनुष्ठानों में तुलसी को जल अर्पित करना, दीपक या अगरबत्ती जलाना और प्रार्थना करना शामिल है। ये प्रथाएँ तुलसी की पवित्रता और घर में दिव्य उपस्थिति के रूप में उनकी भूमिका को रेखांकित करती हैं।

तुलसी विवाह, तुलसी के पौधे और विष्णु या उनके अवतारों के बीच का औपचारिक विवाह, हिंदू माह कार्तिक (अक्टूबर-नवंबर) में मनाया जाने वाला एक महत्वपूर्ण त्योहार है। यह अनुष्ठान दिव्य मिलन का प्रतीक है और भारत में विवाह के मौसम की शुरुआत का संकेत देता है। इस समारोह के दौरान, तुलसी के पौधे को रंग-बिरंगे सजावट से सजाया जाता है, और भक्त विस्तृत अनुष्ठानों के माध्यम से विवाह संपन्न करते हैं। यह त्योहार तुलसी के सांस्कृतिक और आध्यात्मिक महत्व को उजागर करता है और उन्हें एक प्रिय और पूजनीय देवी के रूप में मान्यता देता है।

तुलसी का पर्यावरणीय महत्व गहरा है। एक पौधे के रूप में जिसे उगाना और बनाए

रखना आसान है, तुलसी पारिस्थितिक स्थिरता और पर्यावरण की देखभाल के महत्व का प्रतीक है। उनकी पूजा घरों और समुदायों में तुलसी लगाने और उनके पोषण को प्रोत्साहित करती है, हरे-भरे स्थानों को बढ़ावा देती है और पर्यावरण संरक्षण में योगदान देती है। तुलसी के प्रति श्रद्धा व्यापक रूप से इस समझ को दर्शाती है कि प्रकृति के साथ सामंजस्य में जीना और सभी जीवन रूपों का सम्मान करना आवश्यक है।

आयुर्वेदिक चिकित्सा में तुलसी का उपयोग स्वास्थ्य और कल्याण को बढ़ावा देने में उनके महत्व को और रेखांकित करता है। अपने *एडॉप्टोजेनिक* गुणों के लिए जानी जाने वाली तुलसी शरीर को तनाव के अनुकूल बनाने और संतुलन बनाए रखने में मदद करती है। उन्हें श्वसन संबंधी विकारों, पाचन समस्याओं और त्वचा रोगों के इलाज के लिए विभिन्न सूत्रों में उपयोग किया जाता है। आयुर्वेद का समग्र दृष्टिकोण, जो शरीर, मन और आत्मा के एकीकरण पर जोर देता है, तुलसी की पवित्रता के प्रति श्रद्धा के साथ मेल खाता है, जो कल्याण के सभी पहलुओं को पोषित करती है।

तुलसी के महत्व का विस्तार उनके अनुष्ठानों और समारोहों में उपयोग तक भी होता है। उनकी पत्तियों को इतना पवित्र माना जाता है कि वे अक्सर विष्णु और कृष्ण जैसे देवताओं को अर्पण में उपयोग की जाती हैं। अनुष्ठानों में तुलसी पत्तियों की उपस्थिति को प्रसाद की शुद्धता और आध्यात्मिक प्रभावकारिता को बढ़ाने वाला माना जाता है। कई मंदिरों में, अभिषेक (चरनामृत) के लिए उपयोग किया जाने वाला जल तुलसी की पत्तियों से मिश्रित होता है, जो शुद्धिकरण और दिव्य आशीर्वाद का प्रतीक है।

तुलसी की पूजा की सांस्कृतिक अभिव्यक्तियाँ विविध और जीवंत हैं। साहित्य, कविता और लोक गीतों में तुलसी को शुद्धता, भक्ति और दिव्य कृपा के प्रतीक के रूप में मनाया जाता है। ये सांस्कृतिक रूप तुलसी से जुड़े मूल्यों और विश्वासों को पीढ़ी दर पीढ़ी प्रेषित करने का काम करते हैं, उनकी पूजा की निरंतरता और उनकी विरासत के संरक्षण को सुनिश्चित करते हैं। इन अभिव्यक्तियों के माध्यम से, तुलसी की कथा और महत्व जीवित रहते हैं, पवित्र पौधे के साथ गहरे और स्थायी संबंध को बढ़ावा देते हैं।

तुलसी का समुदाय और सामाजिक सामंजस्य को बढ़ावा देने में भी महत्वपूर्ण योगदान है। तुलसी के पौधे की देखभाल करने और सामूहिक अनुष्ठानों में भाग लेने की साझा प्रथा एकता और सामूहिक जिम्मेदारी की भावना को बढ़ावा देती है। ये प्रथाएँ आपसी सम्मान, पर्यावरण की देखभाल और पवित्र परंपराओं को बनाए रखने के मूल्यों को सुदृढ़ करती हैं। तुलसी पूजा का सामुदायिक पहलू सामाजिक बंधनों को मजबूत करने और एक सहायक और सामंजस्यपूर्ण समुदाय बनाने में मदद करता है।

आधुनिक समय में भी, तुलसी की पूजा प्रासंगिक बनी हुई है, जो भक्ति, शुद्धता और पारिस्थितिक चेतना के शाश्वत मूल्यों को दर्शाती है। जैसे-जैसे पर्यावरणीय चिंताएँ अधिक तीव्र होती जा रही हैं, तुलसी के प्रति श्रद्धा सतत जीवन और पर्यावरणीय प्रबंधन के लिए एक मॉडल प्रस्तुत करती है। उनकी पूजा व्यक्तियों और समुदायों को ग्रह के स्वास्थ्य की जिम्मेदारी लेने और ऐसी प्रथाओं को अपनाने के लिए प्रोत्साहित करती है, जो पारिस्थितिक संतुलन और स्थिरता को बढ़ावा देती हैं।

तुलसी, पवित्र पौधा और दिव्य देवी, प्राकृतिक संसार और दिव्य के बीच गहरे संबंध का प्रतिनिधित्व करती हैं। उनकी पूजा प्रकृति के प्रति गहरी श्रद्धा, सभी जीवन के परस्पर संबंधों की समझ, और पर्यावरण के साथ सामंजस्य में जीने के महत्व को दर्शाती है। शुद्धता, भक्ति और स्वास्थ्य के साथ उनके संबंध के माध्यम से, तुलसी समग्र कल्याण और पारिस्थितिक चेतना के मूल्यों को समाहित करती हैं। हिंदू संस्कृति और आध्यात्मिकता में उनका महत्व प्राकृतिक संसार को दिव्य के प्रकटीकरण के रूप में सम्मानित और पोषित करने की शाश्वत बुद्धिमत्ता को रेखांकित करता है। इन मूल्यों के जीवंत प्रतीक के रूप में, तुलसी व्यक्तियों और समुदायों को अधिक सामंजस्यपूर्ण और सतत जीवन की ओर प्रेरित करती हैं।

"भूमि, पृथ्वी की देवी के रूप में, ग्रह के पोषण और स्थायित्व के पहलुओं का प्रतीक हैं। उनकी शिक्षाएँ पारिस्थितिक संरक्षण और सभी जीवन रूपों के प्रति सम्मान पर जोर देती हैं। वह हमें पृथ्वी की रक्षा और सम्मान करने की हमारी जिम्मेदारी की याद दिलाती हैं।"

༄

21

सारांश

हिंदू पौराणिक कथाओं की देवियाँ स्त्रीलिंग दिव्यता के विविध और गतिशील पहलुओं को मूर्त रूप देती हैं, जो अद्वितीय गुणों और शक्तियों का प्रतिनिधित्व करती हैं और भारत की आध्यात्मिक और सांस्कृतिक संरचना में योगदान करती हैं। ये देवियाँ, विभिन्न अनुष्ठानों, त्योहारों, और सांस्कृतिक अभिव्यक्तियों के माध्यम से पूजनीय, देवत्व, प्रकृति और मानव जीवन के बीच के गहरे संबंध को दर्शाती हैं। उनकी कथाएँ, प्रतीक और शिक्षाएँ भक्ति, शक्ति, सहनशीलता, करुणा, और पारिस्थितिक चेतना के सिद्धांतों में मूल्यवान अंतर्दृष्टि प्रदान करती हैं।

ललिता त्रिपुरा सुंदरी, आनंद और सौंदर्य की देवी, स्त्रीलिंग दिव्यता की परिवर्तनकारी शक्ति का उदाहरण देती हैं। उनकी पूजा, जो तांत्रिक प्रथाओं में गहराई से निहित है, आध्यात्मिक आनंद की खोज और दिव्य के साथ एकता की प्राप्ति पर जोर देती है। *ललिता सहस्रनाम*, जो उनके हजार नामों का वर्णन करता है, उन्हें सार्वभौमिक माता और सभी सृष्टि के स्रोत के रूप में प्रस्तुत करता है। उनकी मूर्तिकला, अनुष्ठान और नवरात्रि जैसे त्योहार उनकी योद्धा और रक्षक की भूमिका का उत्सव मनाते हैं, उनकी शक्ति, अनुग्रह और सौंदर्य को उजागर करते हैं। उनकी शिक्षाओं के माध्यम से, ललिता भक्तों को आंतरिक सौंदर्य, अनुग्रह और सभी जीवन की परस्पर संबद्धता के लिए गहरी प्रशंसा विकसित करने के लिए प्रेरित करती हैं।

विंध्यवासिनी, पर्वतों में निवास करने वाली देवी, मध्य भारत की विंध्य पर्वतमाला से गहराई से जुड़ी हुई हैं। उन्हें दुर्गा के अवतार के रूप में पूजा जाता है, जो शक्ति,

साहस और सुरक्षा के गुणों को मूर्त रूप देती हैं। महिषासुर के साथ उनके युद्ध से जुड़ी उनकी कथा, ब्रह्मांडीय संतुलन की संरक्षक और अपने भक्तों की रक्षक के रूप में उनकी भूमिका को रेखांकित करती है। उत्तर प्रदेश के विंध्यवासिनी मंदिर, जो एक प्रमुख तीर्थ स्थल है, में नवरात्रि जैसे त्योहार बड़ी भक्ति के साथ मनाए जाते हैं। उनकी पूजा प्रकृति और पर्यावरण के प्रति गहरे सम्मान को दर्शाती है, यह समझाते हुए कि प्राकृतिक संसार के साथ सामंजस्य में जीना कितना महत्वपूर्ण है।

तुलसी, पवित्र पौधा और दिव्य देवी, हिंदू संस्कृति और आध्यात्मिकता में एक अनूठा स्थान रखती हैं। लक्ष्मी के अवतार और शुद्धता और भक्ति की मूर्ति के रूप में पूजनीय, तुलसी एक पवित्र पौधा और दिव्यता का जीवंत प्रतीक दोनों हैं। उनकी पूजा में तुलसी वृंदावन, घरों में विशेष वेदी, की देखभाल शामिल है। *तुलसी विवाह*, तुलसी के पौधे और विष्णु के बीच का औपचारिक विवाह, उनके सांस्कृतिक और आध्यात्मिक महत्व को उजागर करता है। आयुर्वेदिक चिकित्सा में तुलसी के औषधीय गुण स्वास्थ्य और कल्याण को बढ़ावा देने में उनकी भूमिका को रेखांकित करते हैं। तुलसी की पूजा व्यापक पारिस्थितिक चेतना और सतत जीवन के महत्व को दर्शाती है।

गायत्री, वैदिक मंत्र की मूर्ति, ज्ञान के दिव्य प्रकाश और मंत्र की सार्वभौमिक शक्ति का प्रतीक हैं। *गायत्री मंत्र*, वैदिक साहित्य के सबसे महत्वपूर्ण मंत्रों में से एक, आध्यात्मिक जागृति और प्रबोधन के लिए एक प्रार्थना है। गायत्री की मूर्तिकला, जो उन्हें पाँच चेहरों और दस भुजाओं वाली सुंदर देवी के रूप में चित्रित करती है, उनके बहुआयामी स्वरूप और ज्ञान के दाता के रूप में उनकी भूमिका का प्रतीक है। गायत्री की पूजा, विशेष रूप से गायत्री मंत्र के पाठ के माध्यम से, ध्यान और भक्ति की परिवर्तनकारी क्षमता पर जोर देती है। उनकी शिक्षाएँ बौद्धिक और आध्यात्मिक प्रबोधन के मूल्यों को बढ़ावा देती हैं, जो स्वयं और ब्रह्मांड की गहरी समझ को प्रोत्साहित करती हैं।

भूमि, पृथ्वी की देवी, पृथ्वी के पोषण और स्थिरता के पहलुओं का प्रतिनिधित्व करती हैं। ग्रह की मूर्ति के रूप में, भूमि उर्वरता, स्थिरता और पोषण के गुणों को मूर्त रूप देती हैं। उनकी पूजा मानव और प्राकृतिक संसार के बीच के घनिष्ठ संबंध को उजागर करती है, पर्यावरणीय संरक्षण और पर्यावरण के प्रति सम्मान

की आवश्यकता पर जोर देती है। पोंगल और मकर संक्रांति जैसे त्योहार कृषि और प्रकृति के चक्रों में भूमि की भूमिका का उत्सव मनाते हैं। भूमि का महत्व विभिन्न सांस्कृतिक और साहित्यिक परंपराओं तक फैला हुआ है, जहाँ उन्हें सहनशीलता और सभी जीवन की परस्पर संबद्धता के प्रतीक के रूप में मनाया जाता है।

मनसा, उर्वरता और स्वास्थ्य की सर्प देवी, बंगाल और असम की धार्मिक परंपराओं में एक अनूठा स्थान रखती हैं। सर्पों से जुड़ी एक देवी के रूप में, मनसा इन प्राणियों के सुरक्षात्मक और संभावित खतरनाक दोनों पहलुओं को मूर्त रूप देती हैं। उन्हें सांप के काटने को ठीक करने, उर्वरता को बढ़ावा देने, और समृद्धि और स्वास्थ्य लाने के लिए पूजा जाता है। मनसा की पूजा में अनुष्ठान और भेंट शामिल होते हैं, जो सर्पों को शांत करने और उनकी सुरक्षात्मक शक्तियों को बुलाने का प्रयास करते हैं। *मनसा मंगल*, बंगाली कथात्मक कविताओं का संग्रह, उनके जीवन और कार्यों का उत्सव मनाता है, उनकी भूमिका को एक दयालु और सुलभ देवी के रूप में उजागर करता है।

संतोषी माता, संतोष की देवी, हिंदू पंथ में अपेक्षाकृत हाल ही में शामिल हुई हैं। उनकी पूजा को 1975 की बॉलीवुड फिल्म "जय संतोषी माँ" के माध्यम से प्रमुखता मिली, जिसमें उन्हें एक शक्तिशाली और करुणामय देवी के रूप में दिखाया गया। संतोषी माता को शांति, खुशी और संतोष प्रदान करने की उनकी क्षमता के लिए पूजा जाता है। उनके पूजा से जुड़ा मुख्य अनुष्ठान *संतोषी माता व्रत* है, जो शुक्रवार को रखा जाता है। यह अनुष्ठान धैर्य, दृढ़ता और भक्ति के मूल्यों पर जोर देता है, जो पारिवारिक और व्यक्तिगत जीवन में संतोष और सामंजस्य प्रदान करने वाली देवी के रूप में संतोषी माता की भूमिका को दर्शाता है।

कामाख्या, कामना और उर्वरता की देवी, असम की तांत्रिक प्रथाओं की केंद्रीय हस्ती हैं। उनकी पूजा *कामाख्या मंदिर*, जो सबसे महत्वपूर्ण शक्ति पीठों में से एक है, से निकटता से जुड़ी हुई है। कामाख्या प्रकृति की आदिम शक्तियों और उर्वरता के चक्रों का प्रतिनिधित्व करती हैं, और उनकी पूजा कामना और स्त्री शरीर की पवित्रता का उत्सव मनाती है। *अम्बुबाची मेला*, जो कामाख्या के मासिक धर्म को चिह्नित करता है, उन्हें उर्वरता की देवी और पृथ्वी की जीवनदायी संपत्तियों के रूप में रेखांकित करता है। कामाख्या की शिक्षाएँ भौतिक इच्छाओं की स्वीकृति और अतिक्रमण को आध्यात्मिक प्रबोधन के मार्ग के रूप में जोर देती हैं।

चंडी, शक्ति का भयंकर रूप, हिंदू पौराणिक कथाओं में सबसे दुर्जेय देवियों में से एक हैं। उनकी कहानी, जो *देवी महात्म्य* में वर्णित है, अंधकार की शक्तियों से लड़ने में उनकी शक्ति और वीरता का उत्सव मनाती है। चंडी का राक्षस महिषासुर के साथ युद्ध ब्रह्मांडीय संतुलन की संरक्षक और योद्धा देवी के रूप में उनकी भूमिका को उजागर करता है। दुर्गा पूजा के दौरान उनकी पूजा उनकी योद्धा देवी के रूप में उनकी भूमिका को दर्शाती है। चंडी की शिक्षाएँ आंतरिक शक्ति और प्रतिकूलताओं का सामना करने और उन्हें दूर करने की क्षमता के महत्व पर जोर देती हैं, सहनशीलता और धर्म के मूल्यों को बढ़ावा देती हैं।

राधा, दिव्य प्रेम की प्रतीक, अपने शुद्ध और निःस्वार्थ प्रेम के लिए पूजनीय हैं। कृष्ण के साथ उनका संबंध आत्मा की दिव्य के साथ मिलन की लालसा का प्रतिनिधित्व करता है। वृंदावन में उनके प्रेम और कृष्ण के साथ उनके खेल की कहानियाँ उनकी भक्ति और गहन प्रेम की आध्यात्मिक गहराई को उजागर करती हैं। कृष्ण के प्रति राधा की भक्ति उनके गहरे प्रेम और वियोग से चिह्नित है, जो आध्यात्मिक प्रबोधन की ओर आत्मा की यात्रा का प्रतीक है। राधा की पूजा, विशेष रूप से भक्ति गीतों और नृत्यों के माध्यम से, प्रेम, भक्ति और आध्यात्मिक मिलन के मूल्यों पर जोर देती है।

सीता, सद्गुण और भक्ति की मूर्ति, हिंदू पौराणिक कथाओं में सबसे पूजनीय हस्तियों में से एक हैं। भगवान राम की पत्नी के रूप में, सीता धर्म और भक्ति के आदर्शों का प्रतीक हैं। उनके जीवन, जो परीक्षणों और कष्टों से चिह्नित है, धैर्य, पवित्रता और धर्म के प्रति अटूट समर्पण के गुणों को दर्शाता है। *रामायण* में वर्णित सीता की कहानी धर्म के आदर्शों और भक्ति की परिवर्तनकारी शक्ति में गहरी अंतर्दृष्टि प्रदान करती है। उनकी अटूट आस्था, नैतिक अखंडता और करुणा प्रकृति उन्हें प्रेरणा और श्रद्धा की स्थायी आकृति बनाती है।

पार्वती, कोमल माता और पालनकर्ता, प्रेम, भक्ति और करुणा का प्रतीक हैं। भगवान शिव की पत्नी और गणेश और कार्तिकेय की माता के रूप में, पार्वती नारीत्व के आदर्श गुणों को मूर्त रूप देती हैं। उनके जीवन की कहानी, जो भक्ति और दृढ़ता से भरी हुई है, उन्हें एक पोषण और सुरक्षात्मक माता के रूप में उजागर करती है। पार्वती की पूजा संतुलन, दृढ़ता और करुणा के महत्व पर जोर देती

है, व्यक्तियों को प्रेम और सहनशीलता जैसे गुणों को विकसित करने के लिए प्रोत्साहित करती है।

काली, भयंकर संरक्षक और विनाशक, दिव्य स्त्रीत्व के अंधेरे और अधिक शक्तिशाली पहलुओं का प्रतिनिधित्व करती हैं। पार्वती के एक रूप के रूप में, काली ब्रह्मांडीय संतुलन बनाए रखने के लिए आवश्यक विनाशकारी और परिवर्तनकारी बलों को मूर्त रूप देती हैं। उनकी भयंकर उपस्थिति, जिसमें जंगली बाल, खोपड़ियों की माला, और निकली हुई जीभ शामिल है, दिव्य की कच्ची और अनियंत्रित ऊर्जा का प्रतीक है। काली की पूजा, विशेष रूप से *काली पूजा* जैसे त्योहारों के दौरान, बुराई के खिलाफ रक्षक और अस्तित्व के अंधेरे पहलुओं के माध्यम से मार्गदर्शक के रूप में उनकी भूमिका को दर्शाती है। उनकी शिक्षाएँ अपने अंधेरे पक्ष को गले लगाने और भय और चुनौतियों का सामना करने की परिवर्तनकारी शक्ति पर जोर देती हैं।

सारस्वती, ज्ञान और शिक्षा की देवी, कला, संगीत, और विद्या का प्रतीक हैं। उन्हें अक्सर वीणा और पुस्तक धारण करते हुए चित्रित किया जाता है, जो कलात्मक और बौद्धिक खोजों के एकीकरण का प्रतीक है। वसंत पंचमी जैसे त्योहारों के दौरान उनकी पूजा शिक्षा, रचनात्मकता, और ज्ञान की खोज के महत्व को उजागर करती है। उनकी शिक्षाएँ बौद्धिक और कलात्मक प्रतिभाओं के विकास को प्रोत्साहित करती हैं, शिक्षा और सांस्कृतिक समृद्धि के मूल्यों को बढ़ावा देती हैं।

लक्ष्मी, धन और समृद्धि की प्रदाता, हिंदू धर्म की सबसे व्यापक रूप से पूजनीय देवियों में से एक हैं। विष्णु की पत्नी के रूप में, लक्ष्मी समृद्धि, सौभाग्य और सौंदर्य के गुणों को मूर्त रूप देती हैं। घरों और व्यवसायों में उनकी उपस्थिति समृद्धि और भलाई की इच्छा को दर्शाती है। दीपावली का त्योहार, लक्ष्मी को समर्पित, धन और सफलता के लिए उनके आशीर्वाद का आह्वान करने का समय है। लक्ष्मी की शिक्षाएँ समृद्धि की खोज में कृतज्ञता, उदारता और नैतिक जीवन के महत्व पर जोर देती हैं।

दुर्गा, अजेय योद्धा देवी, अपनी शक्ति, वीरता, और सुरक्षात्मक प्रकृति के लिए पूजनीय हैं। महिषासुर के खिलाफ विशेष रूप से उनके युद्ध की कहानी धर्म की

रक्षक और ब्रह्मांड की रक्षक के रूप में उनकी भूमिका को उजागर करती है। दुर्गा पूजा के दौरान उनकी पूजा विस्तृत अनुष्ठानों, जुलूसों और सांस्कृतिक प्रदर्शनों से चिहिनत होती है। उनकी शिक्षाएँ साहस, सहनशीलता, और अन्याय के खिलाफ खड़े होने के महत्व को बढ़ावा देती हैं।

हिंदू पौराणिक कथाओं की देवियाँ, अपने विविध और गतिशील रूपों के माध्यम से, भक्ति, शक्ति, सहनशीलता, करुणा, और पारिस्थितिक चेतना के सिद्धांतों में गहन अंतर्दृष्टि प्रदान करती हैं। उनकी पूजा देवत्व, प्रकृति, और मानव जीवन के बीच के गहरे संबंध को दर्शाती है, प्राकृतिक संसार के साथ सामंजस्य में जीने और ऐसे गुणों को विकसित करने के महत्व को उजागर करती है जो आध्यात्मिक और भौतिक कल्याण को बढ़ावा देते हैं। उनकी कहानियों, प्रतीकों और शिक्षाओं के माध्यम से, ये देवियाँ व्यक्तियों और समुदायों को अधिक सामंजस्यपूर्ण, करुणामय, और संतोषजनक अस्तित्व की ओर प्रेरित और मार्गदर्शन करती हैं।

उद्धरण और संदर्भ

यह पुस्तक व्यापक अनुसंधान और सूक्ष्म विश्लेषण का परिणाम है, जिसमें विभिन्न स्रोतों जैसे अनेक पुस्तकों, विद्वानों के अध्ययन और व्यक्तिगत अनुभवों को सम्मिलित किया गया है। इसके अतिरिक्त, मैंने इस कार्य को संकलित करने के लिए प्रासंगिक जानकारी और आंकड़े जुटाने हेतु विभिन्न वेबसाइटों की भी खोज की है। मैंने प्रस्तुत जानकारी की सटीकता सुनिश्चित करने के लिए हर संभव प्रयास किया है और सभी स्रोतों का विधिपूर्वक उल्लेख किया है ताकि उनके योगदान को सम्मानित किया जा सके।

इन प्रयासों के बावजूद, अनजाने में त्रुटियाँ होने की संभावना बनी रहती है। मैं अपने पाठकों के विचारों को अत्यधिक महत्व देता हूँ और किसी भी ऐसी त्रुटि की पहचान करने और उसे सुधारने के लिए आपके फीडबैक का स्वागत करता हूँ। मैं आपसे आग्रह करता हूँ कि किसी भी प्रकार की विसंगतियों को मेरी जानकारी में लाएँ।

आपका फीडबैक न केवल स्वागत योग्य है बल्कि अत्यावश्यक भी है, क्योंकि यह वर्तमान संस्करण में सुधार लाने और भविष्य के संस्करणों की सामग्री को और बेहतर बनाने में मदद करेगा। मैं अपनी कृतियों में उच्चतम स्तर की सटीकता और विश्वसनीयता बनाए रखने के प्रति प्रतिबद्ध हूँ और आपके समर्थन और समझ के लिए धन्यवाद देता हूँ।

इसके अतिरिक्त, मैं संविधान के अनुच्छेद 19(1)(क) के तहत गारंटीकृत अभिव्यक्ति की स्वतंत्रता के सिद्धांत का दृढ़ता से पालन करती हूँ और अपने सभी पाठकों के विविध दृष्टिकोणों और अभिव्यक्तियों का सम्मान करता हूँ।

☙

Other Books Of The Author

1. Empowering Minds: A Journey into Women's Self-Discovery and Power
2. The Dynamics of Motivation: Catalyzing Thought into Action
3. Meditation and Mental Well Being: The Path to Inner Peace and Clarity
4. The Psychology of Child Education: Nurturing Future Generations
5. Ethical Enlightenment: A Modern Guide to Living with Integrity
6. Voices of Empowerment: Stories of Women Rising Against Odds
7. Social Psychology in Everyday Life: Understanding Human Connections
8. The Essence of Motivational Speaking: Inspiring Change in Others
9. Balancing Acts: Women, Work, and the Will to Lead
10. Guiding with Grace: Raising Children with Compassion and Awareness
11. The Power of Positive Aging: Embracing Life After Fifty
12. Building Resilient Communities: Social Work in Action
13. The Ethical Educator: Principles for Teaching and Learning
14. Innovative solutions for Social Change: The Role of Social Psychology for crafting a Better World
15. The Ethics of Empathy: A Guide to Ethical Living
16. The Science of Empowering the Self: Navigating Life's Challenges with Psychological Wisdom
17. The Mindful Conscious Leader: Meditation Techniques for Modern Management
18. Pioneering Spirit: Women's Pathways to Leadership and Empowerment
19. Feeling to Healing: The Role of Emotional Intelligence in Child Development
20. Transformative Talks and Words of Inspiration: Insights into

67. Seeds of Empathy: Fostering Compassion in Young Hearts
68. The Reading Revolution: Inspiring a Love of Books in Children
69. The Learning Brain: Unlocking the Secrets of Student Success
70. Teaching for All: Differentiated Instruction Strategies
71. The Time Alchemist: Mastering Time Management for Peak Performance
72. The Resilience Factor: Transforming Setbacks into Stepping Stones
73. The Healing Touch of Nature: An Introduction to Naturopathy
74. Echoes of the Past: Healing Through Past Life Regression
75. The Spiritual Healer's Handbook: Exploring Energy Medicine
76. Crystal Clarity: Unveiling the Power of Gemstones
77. The Dream Weaver's Guide: Decoding the Language of Dreams
78. Emotional Alchemy: Transforming Pain into Power
79. Sonic Serenity: Harnessing Sound for Stress Relief
80. The Entrepreneur's Playbook: Launching Your Business with Confidence
81. Productivity Unleashed: Time Management Strategies for Entrepreneurs
82. The Problem Solver's Toolkit: Creative Solutions for Business Challenges
83. The Future is Now: Emerging Trends in Business
84. The Curious Explorer: A Child's Guide to Scientific Discovery
85. Digital Pioneers: Empowering Kids in the Tech World
86. The Young Philosopher's Guide: Exploring Life's Big Questions
87. Finding Your Voice: Communication Skills for Confident Kids
88. Nature's Playground: A Child's Guide to Outdoor Adventure
89. Growing a Greener Tomorrow: A Guide to Tree Planting & Conservation
90. Driving with Purpose: Ethical Choices on the Road
91. The Healing Touch: Cultivating Compassion in Healthcare
92. Navigating the Digital Landscape: Ethics in the Age of Social Media
93. The Ethical Closet: A Guide to Sustainable Fashion
94. The Mindful Voyager: Sustainable Travel Practices

95. The Feminine Divine: Honoring the Goddesses of India
96. Sacred Sounds: Chanting Your Way to Inner Peace
97. The Yoga Path: Uniting with the Divine Within
98. Rites of Passage: Creating Meaningful Ceremonies
99. The Chakra System: A Map of Inner Transformation
100. Spiritual Sangha: Finding Community through Satsang and Bhajan
101. Pilgrimage of the Soul: Spiritual Journeys in India
102. आध्यात्मिक तीर्थयात्रा: भारत की आध्यात्मिक यात्राओं पर एक नज़र
103. "योग मार्ग: भीतर के दिव्यत्व को अनुभव करने की यात्रा"
104. भगवद्गीता: दैनिक जीवन की समस्याओं के लिए शाश्वत ज्ञान
105. "योद्धा का मंत्र: हनुमान चालीसा का रहस्योद्घाटन"
106. "युवाओं के आत्मसम्मान और संबंधों पर सोशल मीडिया का प्रभाव"
107. "सशक्त विचार: महिलाओं की आत्मखोज और शक्ति की यात्रा"
108. "ध्यान और मानसिक कल्याण: आंतरिक शांति और स्पष्टता का मार्ग"
109. "सशक्त नेतृत्व: महिलाओं के राजनीतिक सशक्तिकरण की रणनीतियाँ"
110. "गरिमा और सफलता: महिलाओं के लिए उत्कर्ष करियर मार्गदर्शन"
111. "सीमाओं से परे: पुरुष-प्रधान क्षेत्रों में महिलाओं की सफलता"
112. "नैतिक शिक्षा और मूल्य प्रणाली: जापान की विद्यालय प्रणाली का पुनर्निर्माण"
113. "सद्गुणों का सम्मान: शिक्षा में नैतिक मूल्यों की पहचान"
114. "चरित्र निर्माण: सज्जनता के विकास की मार्गदर्शिका"
115. "भीतर की ज्योति: बच्चों में सृजनशीलता का विकास"
116. "युवाओं का पथप्रदर्शक: किशोरावस्था की चुनौतियों का समाधान"
117. "सहानुभूति के बीज: युवा हृदयों में करुणा का संवर्धन"
118. "आध्यात्मिक उपचार: ऊर्जा चिकित्सा ऊर्जा चिकित्सा का मार्गदर्शन"
119. "चिकित्सीय स्पर्श: स्वास्थ्य सेवा में करुणा और सहानुभूति की भूमिका"
120. "नारी शक्ति: भारतीय देवियों की आराधना एवं महत्व"
121. "चक्रों की यात्रा: आत्मा के परिवर्तन की प्रक्रिया"

৩৩

Contact

Dr. Minakshi Bansal
Social Activist
Ahmedabad, Gujarat, Bharat
dhanyamfoundation@gmail.com

|| LOKAHA SAMASTHAHA SUKHINO BHAVANTU ||

• 155 •